척독, 尺牘

마음을 담은 종이 한 장

국립중앙도서관 출판예정도서목록(CIP)

척독 : 마음을 담은 종이 한 장 / 박경남 지음. -- 서울 :
한국고전번역원, 2015
p. ; cm

한자표제: 尺牘
참고문헌 수록
2014년 교육부로부터 인문학 진흥을 위한 저서출판지원을 받아 출간하였음
ISBN 978-89-284-0319-6 43810 : ₩9000

서간 문학[書簡文學]
조선 시대 문학[朝鮮時代文學]

816.5-KDC6 CIP2015016173

척독, 尺牘

마음을 담은 종이 한 장

박경남 지음
전지은 그림

한국고전번역원

머리말

짧은 글, 긴 여운의 아름다운 소통

서로의 눈을 들여다보며 마음을 나누는 대화가 사라지고 있다. 우리는 한자리에 있는 사람들이 고개를 숙이고 휴대전화만 만지작거리는 장면을 흔히 만난다. 사람과 사람 사이가 기계로 이어진다. 편지는 더하다. 사연을 한 자 한 자 써 마음을 담아 주고받는 편지는 구시대의 유물처럼 되어 버린 지 오래다.

편지 대신 전자우편, 이제는 그마저도 구닥다리 소통 방식으로 여겨져 휴대전화 문자와 카카오톡 등으로 간편하게 용건을 주고받는다.

컴퓨터, 인터넷, 휴대전화가 등장하기 이전에는 편지가 일상생활에서 가장 중요한 소통의 도구였다. 마음과 정서를 담아 낼 단어를 고르고 골라 시간을 들여 고유의 필체로 써서 보냈고, 가슴 설레며 답신을 기다렸다. 편지를 쓰는 사람과 받는 사람 사이에는 오솔길이 하나 만들어지곤 했다.

그립다고 써 보니 차라리 말을 말자.
그냥 긴 세월이 지났노라고만 쓰자.

긴긴 사연을 줄줄이 이어
진정 못 잊는다는 말을 말고
어쩌다 생각이 났었노라고만 쓰자.

윤동주 시인의 시 '편지'의 일부다. 그의 작품 가운데 같은 제목의 또 다른 시가 있다.

누나!
이 겨울에도
눈이 가득히 왔습니다.
흰 봉투에
눈을 한 줌 넣고
글씨도 쓰지 말고
우표도 붙이지 말고
말쑥하게 그대로
편지를 부칠까요?
누나 가신 나라엔
눈이 아니 온다기에.

이 시에서처럼 편지에는 보내는 사람의 마음과 향기가 고스란히 배어 있다.

이 시와 같은 편지 형식이 조선 시대의 문화에도 있었다. 바로 척독尺牘이다. 척독은 일반적으로 사실을 상세히 알리거나 상대를 설득할 목적으로 구구절절 상세한 내용을 담은 편지 '서간書簡'과 통용되기는 하지만, 특히 한 자약 30센티미터 정도의 짧은 글로 된 편지를 일컫기도 한다. 고대 중국에서 길이 1척쯤 되는 나무판을 편지를 적는 재료로 사용했던 것에서 이름이 붙여졌다고 한다. 지금으로 말하자면 엽서 글 정도로 보면 된다.

척독은 서간에 비해 짧은 편지글이니만큼 재치와 참신함이 돋보인다. 이를테면 편지글은 일정한 형식을 따르는데, 척독은 그런 형식에 얽매이지 않고 자유로워 쓰는 이의 개성이 잘 드러난다.

척독은 가까운 이에게 지극히 일상적이고 사적인 이야기를 친근하게 전달해 주는 매개체였다. 조선의 선비들은 서로의 생각이나 근황 등을 척독을 통해 주고받았다. 전해지는 다수의 척독은 대부분 소소한 일상에 관한 것으로, 보낸 이의 심경과 감정이 잘 드러난다. 짧지만 내용을 압축하여 긴 여운을 느끼게 하는 시와 같은 예술성과 품격을 지닌 것들이 많다.

형이 강도江都에 있을 때에는, 1년에 두어 차례 서울에 오면 줄곧 우리 집에 머무르며 술을 마시고 시를 읊었지. 인간사 이보다 즐거운 일이 또 있겠는가. (중략) 연못에는 물결이 일렁이고 버드나무는 푸르러 가며 연꽃은 붉은 꽃망울을 반쯤 터뜨리고 녹음은 푸른 연잎 사이에서 은은히 비친다네. 때마침 동동주를 빚어서 젖빛처럼 하얀 술이

동이에 넘실대니 어서 와 맛보기 바라네. 풍헌風軒을 쓸어 놓고 기다리네.

『성소부부고惺所覆瓿藁』, 「여권여장與權汝章」 경술년 5월

교산蛟山 허균許筠, 1569~1618이 친구 석주石洲 권필權韠, 1569~1612, 여장은 권필의 자에게 보낸 척독이다. 허균은 우리가 익히 알고 있는 『홍길동전』과 같은 소설뿐만 아니라 시를 비롯한 다양한 글을 썼다. 특히 그의 문집에는 눈길을 끄는 척독이 여러 편 있다. 그는 또 명나라에서 유행하던 척독들을 모아 『명척독明尺牘』이라는 책으로 엮어 조선에 소개하기도 했다. 앞의 척독에는 벗과 함께 술을 마시고 이야기꽃을 피울 날을 기다리는 절절한 그리움이 행간에 묻어 있다. 버들잎이 푸르고 붉은 연꽃이 반쯤 피었다면 초여름쯤 될 터이다. 초여름 풍헌, 즉 창이 있는 작은 집에서 술도 마시고 시도 읊으며 세상 이야기를 나누자 하는데 거절할 이가 몇이나 있을까.

봄은 벌써 지나서 이름 없는 꽃들도 그대를 기다리다가 모두 시들었습니다. 녹음은 한껏 무성하고 꾀꼬리 소리도 명랑하니, 봄빛이 사람의 마음을 움직이는 것이 어찌 개울가에 가득히 핀 복숭아꽃뿐이겠습니까. 섬돌에서 나푼대는 홍작약도 볼만하니 보낸 수레를 타고 급히 오기 바랍니다.

『성소부부고』, 「요경홍邀景洪」

시를 지어 기록하겠다는 말씀이 참으로 좋습니다만, 지금 그대가 보내 온 편지를 읽어 보니 글자마다 모두 시인데, 더 시를 지을 것이 있겠습니까. 만일 그대가 더 짓지 않는다면 나 역시 그대처럼 이 편지로 시를 대신하겠습니다. 어떤가요? 어떤가요?

『서암집恕菴集』, 「답이사복答李士復」

그대는 짐을 풀고 말안장을 내리도록 하시오. 내일은 비가 올 거니 말이오. 샘물이 요란한 소리를 내고 시냇물이 비린내를 풍기고 흙섬돌에는 개미 떼가 밀려들고 왜가리는 울며 북으로 가고 연기는 서려 땅으로 치닫고 별똥은 서쪽으로 흐르고 바람도 살펴보니 샛바람이 아니겠소?

『연암집燕巖集』, 「답창애答蒼厓」 7

앞의 세 인용문은 각각 다른 시대를 살았던 이들이 쓴 척독의 일부다. 맨 앞의 척독은 허균이 석봉石峯 한호韓濩, 1543~1605, 경홍은 한호의 자에게 보낸 것이고, 두 번째 척독은 서암恕菴 신정하申靖夏, 1681~1716가 사복士復 이희지李喜之, 1681~1722에게 보낸 것이고, 마지막 척독은 연암燕巖 박지원朴趾源, 1737~1805이 창애蒼厓 유한준兪漢雋, 1732~1811에게 보낸 것이다. 세 척독 모두 친구에게 보낸 것인데, 척독은 친구에게 보내는 경우가 많다. 아무래도 소소한 일상을 전하고, 자유롭게 소통하는 데는 친구가 가장 편하지 않겠는가.

이 세 사람은 누구보다 척독에 대한 애정이 강했을 뿐만 아니라 척독을 잘 이해하고 그 맛을 살려 글을 썼다. 시간이 없거나 할 말이 없어서 짧게 쓰는 것이 아니다. 한바탕 웃음 정도의 여유와 압축과 절제를 통해 긴 여운을 느끼게 하는 척독의 묘미를 알아서였다. 그래서 척독을 읽고 있으면 때로는 시를 읽는 듯 감미롭고, 때로는 긴 수다에 빨려 드는 듯 설레며 어느 결에 미소를 짓게 된다. 편지의 사연이 궁금해지기도 하고 읽는 것만으로도 마음이 맑게 데워진다.

이렇듯 척독은 사람과 사람 사이의 아름다운 소통을 돕는 역할을 했다. 멀리 있는 사람은 멀리 있는 대로, 가까이 있는 사람은 가까이 있는 대로 마음을 이어 주었다.

조선 후기 실학자인 초정楚亭 박제가朴齊家, 1750~1805의 『백탑청연집白塔淸緣集』 서문에 보면 "박지원, 아정雅亭 이덕무李德懋, 1741~1793, 담헌湛軒 홍대용洪大容, 1731~1783 등 백탑파 일원들의 시문詩文이나 척독이 책을 이룰 정도였다."는 내용이 있는데, 그들의 척독이 이 책에서 많은 비중을 차지한다.

백탑파 일원들 중 홍대용은 중국의 지우들과 척독으로 교류했다. 다른 나라에 있지만 척독으로 교류하면서 서로의 학문을 격려하고 충고한 내용의 책이 『항전척독杭傳尺牘』이다. 또 다른 일원인 박제가, 이덕무 등과 박지원은 척독으로 소소한 일상을 나누었으며, 그 척독에는 웃음과 재치가 담겨 있다. 유배지에서도 척독의 힘은 돋보였다. 추사秋史 김정희金正喜, 1786~1856가 막역한 사이였던 초의선사草衣禪師, 1786~1866에게 자신의 마음을 전한 척독, 조선 후기 서화가 호산壺山

조희룡趙熙龍, 1789~1866이 친구에게 보낸 척독은 읽을 때마다 마음이 따뜻해진다. 그리고 조선 시대 대표적인 여성 문인 정일당靜一堂 강지덕姜至德, 1772~1832은 남편과 주고받았던 쪽지 형식의 척독을 남겼다.

척독은 조선 사회에서는 새로운 글쓰기였다. 특히 형식을 중요시하는 유교 문화 사회인 조선에서 자유분방하고 톡톡 튀는 내용의 척독 글쓰기는 파격이었다. 이런 이유로 모든 선비가 척독을 즐겨 썼던 것은 아니었다. 척독을 즐겨 쓰던 이들의 면면을 보면 틀에 갇혀 자신을 사회에 구속하는 이들이 아니라는 것을 알 수 있다.

척독은 평소 마음 터놓고 지내는 상대에게 일상의 사소한 이야기를 전하는 목적에 충실했고, 있는 그대로의 삶과 솔직한 마음, 멋과 여유를 잘 보여 주고 있다는 점에서 조선 시대 선비의 내면을 잘 보여 주는 글이라 할 수 있다.

요즘도 짧은 글이 대세를 이루고 있다. 140자 이하 단문의 짧은 수다가 수없이 오가는 트위터가 그것이다. 타인과의 소통을 전제로 자신의 생각을 짧은 글로 표현한다는 점에서 트위터는 척독과 많이 닮았다. 옛사람들이 자신의 생각이나 마음을 누군가에게 전하고 싶은 마음에서 척독을 보냈다면, 현대인들은 그런 마음에서 불특정 다수가 보고 있는 트위터 같은 SNS소셜 네트워크 서비스에 글을 올린다. 재치 있는 비약과 압축이 선사하는 팽팽한 긴장감과 긴 여운, 그리고 생각을 담은 글. 오늘날 SNS를 통해서도 이 같은 척독의 맛이 전달된다면 우리 시대 아름다운 소통의 출발이 되지 않을까 싶다.

척독은 실용적인 기능에만 머물지 않고 정서와 사상을 담아 아름다운 소통을 지향한다. 그래서 무척이나 아름다운 문장들이 시선을 머물게 하고 마음을 붙잡는다. SNS도 소통과 공감이 중요한 매체이다. 그래서 가볍지만 진정을 담아야 한다. 그런 점에서 척독이 새로운 글쓰기의 전형으로 자리 잡아 SNS 문화를 이끌 수 있다면 어떨까? 척독을 읽으며 옛사람들의 아름다운 소통의 향기를 오늘날에도 느끼게 되길 바란다.

차례

제2부 예술
영혼의 대화를 나누다

제3부 학문
함께 꿈꾸는 세상을 일구다

제4부 삶
궁핍한 시절을 위로하다

제 1 부

일상

삶에 숨을 불어넣다

처마의 빗물은 똑똑똑 떨어지고

허균이 이재영에게

처마의 빗물은 똑똑똑 떨어지고 향로의 향냄새 솔솔 풍기는데 지금 두엇 친구들과 맨발 벗고 보료에 앉아 연한 연근을 쪼개 먹으며 번뇌를 씻어 볼까 하네. 이런 때에 자네가 없어서는 안 되겠네. 자네의 늙은 마누라가 으르렁거리며 자네의 얼굴을 고양이상으로 만들겠지만 위축되지 말게. 문지기가 우산을 받고 갔으니 가랑비쯤이야 족히 피할 수 있을 걸세. 빨리빨리 오시게나. 모이고 흩어짐이란 항상 있는 것이 아니니, 이런 모임이 어찌 자주 있겠는가. 헤어지고 나면 후회해도 돌이킬 수 없을 것이네.

『성소부부고』, 「여이여인與李汝仁」 무신년 7월

허균이 벗 여인汝人 이재영李再榮, 1553~1623에게 1608년 7월에 보낸 척독이다. 비 오는 여름날 허물없는 친구들과 편안한 상태로 빗소리를 음악 삼아 듣고 피어오르는 향내를 맡으며 어린 연뿌리를 쪼개 먹자고 이재영을 부른다. 짧은 글에 오감이 톡톡 튀는 데다 친구들 부름에 나간다고 무서운 마누라가 잔소리를 하겠지만 위축되지 말라는 우스갯소리까지 곁들였으니 누군들 부름에 응하지 않을 수가 있겠는가. 만남과 헤어짐이 정해진 것이 아니니 뒤늦게 후회해도 소용없다는 말은 더욱 거절할 수 없게 만든다.

허균의 척독은 친구가 생각나게 하는 힘이 있다. 어떤 특별한 목적이 없어도 얼굴 볼 수 있는 사이가 친구이며 연근 한 조각이라도 나눌 수 있음에 마음 설레게 하는 이가 친구라는 사실을 새삼 느끼게 한다. 벗이라는, 친구라는 그 말만으로도 든든해지고 마음 편해지게 해주는 척독이다. 이 글에서 여름날의 시름과 번뇌를 씻어 줄 매개체는 비와 향, 연근 그리고 친구다.

우리는 흔히 허균의 이미지를 『홍길동전』을 의식해 혁명가로 떠올리지만, 오히려 그는 인간애가 넘치는 평범한 인물이었다. 자신은 사대부가 출신이었지만 서얼, 평민 출신 화가, 기생, 승려 등 다양한 신분의 친구들과 교유했다. 특히 재주 있는 서얼 친구들이 신분적 한계 탓에 궁핍하게 사는 것을 지켜보면서 세상을 한탄하고 자신의 아픔처럼 아파했다. 그의 글에 사회적 약자가 불공정하게 대우받고 억울하게 소외당하는 현실을 신랄하게 비판하는 내용이 자주 나오는 것도 자신의 친구들에 대한 동지 의식에서 비롯한다.

허균이 서얼 친구들에게 각별했던 이유는 그의 아버지 초당草堂 허엽許曄, 1517~1580의 교육관에서 찾아볼 수 있다. 허엽은 아들딸 차별 없이 교육을 받도록 했으며 자식들에게 필요한 스승을 고를 때에도 신분을 문제 삼지 않았다. 그래서 고죽孤竹 최경창崔慶昌, 1539~1583, 옥봉玉峯 백광훈白光勳, 1537~1582과 함께 당시唐詩에 뛰어나 삼당시인三

唐詩人으로 알려진 손곡蓀谷 이달李達, 1539~1610을 난설헌蘭雪軒 허초희許楚姬, 1563~1589와 허균의 스승으로 삼았다.

이달은 허초희는 물론 허균의 문학 세계와 가치관에 지대한 영향을 미쳤다. 이달은 문장과 시에 능했고 글씨에 조예가 깊었지만 서자라는 이유로 벼슬길이 막힌 인물로, 시문을 짓고 제자 교육에 몰두하며 살았다.

허균은 그런 스승을 안타깝게 여겼을 터이고 서얼 차별 문제에 눈을 떴을 것이다. 당시 신분의 제약에 대한 문제의식을 가졌던 허균은 학문도 열린 마음으로 대하려 했다.

그가 공주 목사로 있을 때 '공주 감영에는 삼영이 있다'는 말이 회자되었는데, 여기서 '삼영'이란 허균이 아끼는 친구인 심우영沈友英, ?~1613, 이재영, 이현而顯 윤계영尹繼榮, 1569~?을 말한다. 그는 자신의 녹봉을 털어 어려운 친구들을 불러들여 도움을 주었다. 특히 허균의 어릴 적 친구 이재영을 그 어머니와 함께 공주로 오게 해서 돌봐 준 일이 있었다.

나는 공주 목사가 되었네. 마침 자네가 사는 곳과 가까우니 어머니를 모시고 이곳으로 오게. 내가 마땅히 녹봉 절반을 떼어 대접하리니 결코 굶주릴 일은 없을 것이네. 자네와 나는 처지야 다르지만 취향은 같지 않나. 자네의 재주는 나보다 열 배나 뛰어나지만 세상에서 버림받기는 나보다도 심하니, 이 점을 언제나 분개하고 있네. 나는 비록 운수가 기박하다 해도 몇 차례 고을 원님이 되어 먹고살 만한데, 자네는

입에 풀칠하러 사방으로 다니고 있군. 모두 우리 책임이네. 밥상을 대할 때마다 몹시 부끄러워 음식을 먹어도 목으로 넘어가지 않으니 빨리빨리 오시게. 자네가 오기만 한다면 혹여 이 일로 비방을 받는다 해도 나는 전혀 개의치 않겠네.

『성소부부고』, 「여이여인」 무신년 정월

1608년 1월 허균이 공주 목사로 있으면서 이재영에게 보낸 척독이다. 이 척독에서 허균은 이재영에게 자신이 있는 곳으로 오라면서 그의 궁핍이 뛰어난 재주를 인정해 주지 않는 사회, "우리 책임"이라고 말한다. 그리고 친구와 친구 어머니를 자신의 녹봉 절반으로 돕는다며 비방을 받더라도 개의치 않겠다는 뜻을 전한다.

허균은 이 척독을 쓴 다음 달, 충청도 암행어사의 서계書啓로 공주 목사에서 파직되었다. 그가 서얼들을 가까이한다는 것 등이 이유였다. 양반 사회가 규정해 놓은 격식에 매이지 않았던 허균은 자신의 친구들을 소중히 여겼다. 당시 행동에 거리낌이 없는 허균을 두고 '천지간의 한 괴물', '인륜의 질서를 어지럽혔으며 행실을 더럽혔다'고 혹평을 하는 사람들이 있었지만 그는 개의치 않았다.

허균은 여러 벗과 지인들에게 여러 편의 척독을 보냈는데, 특히 이재영에게는 틈틈이 소식을 전했다. 1609년 3월에는 "어젯밤 달빛은 낮처럼 밝아서 문 밖으로 산보를 나갔더니 수양버들은 무성히 우거졌고, 흩날리는 꽃은 옷에 닿아 봄의 흥취가 물씬물씬 사람을 자극하였네……."라는 척독을 보내 봄밤의 흥취를 전하기도 했다.

1611년 3월 전북 함열현의 유배지에서 "나는 이곳으로 옮기고 그대를 자주 만나리라 여겨 기뻐하였는데 몇 달이 지나도록 만나지 못하였네. 모든 일이 허전한 것은 자네가 더디 와서이니, 만나서 정담 나누며 맺힌 맘 풀어 주기를 간절히 바라네. 깊지 않은 물이니 속히 건너오시게."라는 척독을 보내기도 했다. 마치 사랑하는 이를 대하듯 벗에게 애틋한 마음을 전했다.

이 해에 허균은 그동안 쓴 글들을 정리해 『성소부부고』로 엮어 냈다. 성소惺所는 허균의 별칭이다. 이 문집은 다행히도 허균이 사형당하기 전에 사위에게 보내졌고, 덕분에 지금 우리가 그의 척독은 물론 그의 문학과 사상에 대해서도 알 수 있게 되었다.

허균의 인간다움은 그가 친구들에게 쏟았던 애정에서 쉽게 찾아볼 수 있다. 허균과 친분이 도타웠던 친구는 화가 나옹懶翁 이정李楨, 1578~1607이나 이재영 말고도 권필이 있었다. 권필은 성격이 자유분방하고 구속받기 싫어해 벼슬을 하지 않은 채 야인으로 살았지만 당대 뛰어난 시인이자 문장가였다.

허균은 자신의 친구 권필에 대해 쓴 「석주소고서石洲小稿序」에서 "나의 벗 권여장은 약관弱冠, 스무 살에 시를 잘 지어 그 경지가 옛사람을 능가할 만한데도 세상에서 이를 귀중히 여기지 않는다. 나는 오늘날 가장 시에 능한 사람을 들 때마다 반드시 '여장이지, 여장이고 말고.'한다."라며 그의 시 세계를 높이 평가했다.

그대 어머님의 병환이 너무 오래가다 보니 우리 어머니가 병나신 듯

염려되는군. 마침 사탕 한 덩이를 구했기에 이생李生이 가는 편에 부치니 약을 드신 후에 드리게. 이 사탕을 돌아가신 우리 부모님께 드리고 싶지만 그게 될 수 있겠는가. 흐르는 눈물을 어쩌지 못하네.

『성소부부고』, 「여권여장」 경술년 5월

1610년 5월에 권필에게 보낸 척독이다. 이 척독에서도 친구를 아끼고 소중히 여기는 허균의 마음을 읽을 수 있다. 허균이 친구의 어머니도 자신의 어머니처럼 대했다는 것은 이재영에게 보낸 척독에서도 이미 확인할 수 있었다.

편지와 함께 사탕 한 덩이를 받은 권필의 마음은 어땠을까? 입신양명을 버리고 혹독한 가난과 곤궁 속에서도 꼿꼿한 자세로 초야에 묻혀 살았던 권필. 그는 이 척독을 받고 친구 허균의 마음 씀씀이에 감동을 받지 않았을까? 나중에 권필은 허균이 궁지에 몰렸을 때 「궁류시宮柳詩」라는 저항시를 써서 당시 사정을 비판했고, 결국 그 시로 인해 목숨을 잃었다.

반면 허균이 그토록 애틋하게 아끼던 이재영은 태도가 달랐다. 허균이 역모 혐의로 붙잡혀 그와 관련된 사람들이 모두 조사를 받고 고문을 당했을 당시에도 그 화를 비껴갔다. 그는 허균이 죽고 난 후에도 인조반정까지 이이첨李爾瞻, 1560~1623에게 붙어서 편안한 삶을 누렸다.

허균은 그런 이재영을 비난하지 않았을 것이다. 허균은 시대의 책임을 자신이 지고 갈지언정 친구는 편안하기를 바랐을 것이다. 소중

한 친구들을 많이 잃었던 그로서는 이재영의 선택을 이해했을지도 모른다. 그는 혁명을 꿈꾸었던 '홍길동'이기보다 친구들과 맨발 벗고 연근을 먹으며 담소를 나누고 싶었던 자유인이었으니.

요사이 어떻게 지내고 계십니까

이지함이 서기에게

요사이 어떻게 지내고 계십니까? 여기는 자식 놈이 감기가 심해져서 걱정입니다. 내일 조카를 데리고 탐라로 떠나려는데 선생께서 함께 가실 뜻은 없으신지요? 그래서 편지 올립니다.

『고청유고孤靑遺稿』, 「유사遺事」

토정土亭 이지함李之菡, 1517~1578은 『토정비결土亭秘訣』로 잘 알려진 인물이다. 이 척독은 이지함이 고청孤靑 서기徐起, 1523~1591에게 보낸 것인데, 두 사람의 관계가 흥미롭다. 두 사람은 여섯 살 차이로 이지함이 서기보다 위다. 이지함이 서기에게 학문을 전수해 주었으니 스승과 제자 사이라고도 할 수 있지만 이들은 벗으로 더 잘 통했다. 두 사람 모두 기인의 풍모를 지니고 있어서 그랬을 것이다.

이지함은 스승 화담花潭 서경덕徐敬德, 1489~1546의 영향을 받아 유학은 물론 역학·의학·수학·천문·지리에도 해박했다. 재물이 많으면 많을수록 재앙이 따르는 법이라 여기면서 벼슬에 관심을 두지 않고 평생 무욕無慾과 청빈의 삶을 살았다.

선비는 지음知音으로 말미암아 벼슬하게 되지만, 말세의 지음은 재앙을 옮길 뿐이다. 왜 그렇게 될까? 재물이 본디 흉물이 아니지만 나라의 재앙은 대부분 재물에서 비롯된다. 권세는 흉물이 아니지만 대부의 재앙은 대부분 권세가 원인이 된다. 보물이 본디 흉물이 아니지만 필부의 재앙은 대부분 보물을 소유한 데서 시작된다. 지음은 본디 흉물이 아니지만 어진 선비의 재앙은 대부분 지음에서 비롯된다. (중략) 지음을 만나 재앙을 겪지 않은 자가 거의 없었고, 곤욕을 치르지 않은 자도 전혀 들어 본 적이 없다. 그래서 어진 선비는 지음이 되고자 하는 사람을 잠시 피하는 것이다. 아, 서로 만나 아무런 재앙이 없기론 오직 들판과 산수에서 맺은 지음뿐이리라.

『토정유고土亭遺稿』, 「피지음설避知音說」

이 글은 이지함의 독특한 친구관을 보여 주는 듯하다. 그러나 사실은 벗으로 묶여서 붕당朋黨이 되고 권력이 되는 세태를 지적하는 글이다. 통상 지음이라면 자기의 속마음까지 알아주는 친구로 긍정적인 의미인데, 욕심으로 지음을 맺으면 재앙이 된다고 이지함은 말한다. 그는 무욕의 상태에서 만난 벗이 진정한 지음이며 뭔가 바라고 기대하지 않을 때 가장 편한 친구가 될 수 있다고 생각했다.

이지함은 권세를 멀리해 포천 현감으로 제수되었을 때 오래지 않아 사직했다. 그 후 1578년 이지함은 백성에게 온갖 행패를 부려 원성을 샀던 인로仁老 윤춘수尹春壽, 1521~?의 뒤를 이어 아산 현감이 되었다. 그는 걸인청을 설치하여 관내 걸인들을 돌보고 노약자와 굶주린 이들을 구호하는 데 힘쓰다가 그해 사망했다.

이지함의 호 토정은 그가 집도 없이 살 만큼 청빈했음을 보여 준다. 그는 마포 강변 흙 언덕에 토담집을 짓고 살아 '토정'이란 호를 얻게 되었다. 솥을 머리에 쓰고 다니다 배가 고프면 이를 벗어 냇가에서 밥을 지어 먹고는 냇물에 씻어 다시 쓰고 다녔다 한다. 그는 의학과 복서卜筮에 밝았는데, 그 소문이 퍼져 사람들이 찾아와 1년의 신수를 묻는 요구가 이어지자 아예 『토정비결』을 지었다고 한다.

그는 유학자이긴 했지만 성리학만을 고집하지는 않았다. 그런 점에서 서기와 통했을 것이다. 서기는 일찍이 선학禪學에 뜻을 두고 공부했는데, 이지함을 만난 후로 학문에 있어서 일대 전환기를 맞이했다. 서기의 바탕을 알아본 이지함은 그에게 유학 공부를 권유했다. 서기는 홍주충청남도 홍성 지역에서 이지함이 사는 보령까지 20여 리가 넘는 길을 다니며 이지함에게 사사했다.

이지함은 서기를 이소재履素齋 이중호李仲虎, 1512~1554에게 소개해 『대학』과 『중용』 등 경전을 체계적으로 배우게 했고, 자신의 스승인 서경덕에게 역학 등을 배우게 했다. 뿐만 아니라 중봉重峯 조헌趙憲, 1544~1592을 소개해 주는 등 서기에게 여러모로 도움을 주었다. 그러나 무엇을 바라고 한 일이 아니었다. 배우기를 원하는 친구에게 그 길을 열어 줄 뿐이었다.

그런 이지함이 어느 날 문득 서기에게 제주도에 가자고 편지를 보낸다. 서기는 이지함의 제안을 선뜻 받아들였고, 두 사람은 제주도로 떠났다. 충청도에서 제주도까지 가는 길은 결코 쉬운 여정이 아니다.

하지만 하루 전에 기별을 보내 바로 떠나자고 하는데도, 서기는 기꺼이 함께 길을 떠난다.

짧은 편지 한 통으로 당장 함께 여행을 떠났다는 것은 그런 일이 한두 번 있었던 게 아님을 짐작케 한다. 그 둘은 제주도에서 함께 한라산에 올랐다. 한라산에 올라 천문을 살피고 남극성을 관찰했다. 이 얼마나 멋진 그림인가. 제주도 여행을 마치고 이지함은 집으로 돌아가고, 서기는 내친김에 중국 남부까지 여행했다는 이야기가 전해진다.

어느 날 갑자기 친구에게서 내일 당장 먼 곳으로 여행을 가자는 편지를 받게 된다면? 계획도 없고 준비도 없는 상태에서 친구 말만 믿고 여행을 떠날 수 있을까? 그만큼 신뢰할 수 있는 친구라면 가능하지 않을까? 내일 당장 먼 곳으로 함께 여행을 떠날 수 있는 친구가 있다면 참 행복할 것 같다.

밤비가 아침까지 내렸습니다

신정하가 벗에게

밤비가 아침까지 내렸습니다. 오동잎에 비 떨어지는 소리를 들으며 잤는데, 깨어나니 정신이 아주 맑아졌습니다. 다만 석량정夕凉亭 아래 흰 연꽃이 무사한지 걱정이 끝내 떠나지 않아 아침에 일어나서도 걱정을 떨쳐 버리지 못했습니다. 남은 가지는 그래도 별일 없겠지요?

『서암집』, 「답김진사答金進士」

조선 후기의 문신인 신정하가 쓴 척독이다. 오동잎에 밤비 떨어지는 소리를 들으며 잠들었다는 대목에서 글쓴이의 평화로운 마음이 생생하게 다가온다. 그리고 '석량정'이라는 정자 아래 연못에 핀 하얀 연꽃이 걱정된다는 말에서 벗의 안부를 빗대어 묻는 그의 마음이 전해진다. 옛사람들은 자연에 빗대어 자신의 마음을 전하는 글을 많이 썼다. 편지를 받은 이는 연꽃이 떨어질까 걱정하는 마음이 자신의 안녕을 바라는 마음인 것을 고스란히 느낄 것이다.

신정하는 일찍부터 문장에 뛰어나 농암農巖 김창협金昌協, 1651~1708의 인정을 받고 그의 문인門人이 되었다. 숙종 때 벼슬길에 올랐지만 노론과 소론이 붕당을 지어 대립하는 과정에서 무고로 파직이 되었고, 서른여섯 젊은 나이에 세상을 떠났다.

신정하는 잘 알려진 인물은 아니지만 꽤 많은 척독을 남겼다. 지인과 벗 들에게 보낸 척독이 주를 이룬다. 신정하는 척독에 대해 남다른 생각을 가지고 있었다.

(전략) 대개 척독은 간략해야 그 맛이 나는 법입니다. 쓸데없이 긴 말을 늘어놓아서는 맛이 안 나지요. 물론 의리를 논할 경우에는 자세하게 쓰지 않을 수 없습니다. 이것이 바로 주자의 편지가 물을 가득 담아도 새지 않는 것과 같은 이치입니다. 저는 정회情懷를 털어놓고 산수를 이야기할 때에는 구양수歐陽脩나 소식蘇軾의 척독처럼 간략해야 하고, 의리를 논할 때에는 주자의 편지처럼 자세해야 한다고 생각합니다. 제 생각이 어떻습니까?

『서암집』, 「답류묵수答柳默守」

신정하가 벗 묵수默守 류성운柳成運, 1651~1710에게 보낸 척독이다. 이 글에서 그는 척독이란 '정회를 털어놓고 산수를 이야기하는 시와 담소 같은 것'이라고 말한다. 글머리의 척독에도 이와 같은 매력이 고스란히 담겨 있다.

정월 대보름에 문득 비가 개니 절기가 더욱 아름답군요. 그대는 이 아름다운 절기에 어울리는 멋진 시를 지으셨습니까? 아우들은 모두 등

불을 보러 백악에 올라가고, 나만 눈을 감고 앉아 빈방을 지키고 있답니다.

『서암집』, 「여이백온與李伯溫」

이 척독 역시 신정하가 벗에게 보낸 편지다. 백악은 서울의 북악산을 말한다. 떠들썩한 연등놀이를 머릿속에 그리면서도 정작 자신은 고요하게 즐기고 싶어 한다. 대보름을 맞아 떠들썩한 분위기를 전하며 벗에게 시를 썼는지 묻는 것이 오히려 벗과 시를 나누고 싶은 마음처럼 느껴진다.

비가 쏟아진다 해도 나의 길을 멈출 수 없고, 바람이 분다 해도 나의 길을 걱정하지 않네. 나는 지금 어이하여 비바람 속을 달려가, 꽃이 피었다 지는 이 계절과 다투는 것인가.

『서암집』, 「답이사복」

신정하가 벗 이희지와 석호정에서 만나기로 약속했는데, 가는 도중 비를 만나 배를 띄울 수 없어 육로로 가다가 결국 서로 길이 엇갈리게 되었다. 이희지는 자신을 만나러 오는 신정하와 길이 엇갈려 안타까웠다는 편지를 먼저 보냈고, 신정하는 긴 답장 속에서 그 마음을 시로 표현했다. 친구와 만나기로 한 약속 장소에 가다가 예기치 않은 일이 생겨 간발의 차로 어긋나 친구가 이미 그곳을 떠나고 없다면 어떤 마음일까? 물론 요즘에는 통신이 발달해 그럴 일이 거의 없겠지만, 조선 시대에는 사정이 달랐을 것이다. 이 척독에는 그런 안타까운 마음이 담겨 있다.

석호정은 팔당호 근처 우천에 있던 정자로 지금은 남아 있지 않다. 우천에서 살았던 신정하는 선대로부터 내려온 석호정을 고쳐 짓고 그곳을 즐겨 찾았다. 그는 석호정을 "산허리에 있으면서도 강을 내려다보고 있어 그 아름다움을 겸할 수 있고, 은밀하게 숨어 있는 자태가 있고, 속세와 동떨어져 거처가 속되지 않다."라며 극찬해 마지않았다.

그런 석호정에서 벗을 만나기로 해 비바람을 뚫고 달려왔건만 만나지 못하자 또 언제 벗을 만나 회포를 풀 수 있을지 알 수 없어 아쉬워한다.

요즘 들어 낮에는 사냥을 하고 밤에는 책을 읽는단다. 이따금 바둑도 두고 술도 마시니, 그 기상이 자못 군영軍營의 서생들과는 달라 한번 웃을 만하단다. 하지만 아픈 몸은 아직 온전히 낫지 않았단다. 또 함께 온 몇몇 사람들은 모두 고요히 책 읽는 데에만 빠져 있어 시 한 수 지어 강산의 풍경에 답하는 자가 없단다. 이럴 때면 더욱 네 생각이 떠나지 않는구나.

『서암집』, 「여방與昉」

신정하는 큰조카 둔암鈍庵 신방申昉, 1686~1736과도 친구처럼 지내며 편지 왕래를 자주 했다. 이 척독은 신정하가 함경도 북영에 외직지방직 문관인 북평사로 나갔을 때의 일상을 쓴 글이다. 시 한 수 주고받을

사람이 없어 조카가 더욱 생각이 난다는 작은아버지. 편지를 읽은 조카는 무슨 생각을 떠올렸을까? 아마도 두 사람이 시를 주거니 받거니 하며 즐기던 시절을 떠올렸으리라. 때로는 수다 떨 듯 장황하게 자신의 처지를 늘어놓기도 했지만, 이렇게 짧은 척독에 여운이 많은 사연을 실어 보낼 수 있었다.

해질녘에 산사에 투숙하여 촛불을 켜고 홀로 앉아 있습니다. 어느새 하얀 빛의 두세 산봉우리가 책상 너머로 다가와 자리하는군요. 지팡이 짧고 동대에 오를 것도 없이 내 마음은 벌써 세상을 떠나 있는 듯 느껴집니다. 다만 마음 맞는 이가 멀리 있어 이 흥취를 함께할 길이 없으니 안타까울 뿐입니다.

『서암집』, 「여이강중與李剛仲」

정말이지 시인지 산문인지 구별이 안 되는 명문장들이다. 이처럼 주옥같은 척독을 읽다 보면 글쓴이의 마음이 보인다. 그 마음을 읽어줄 벗이 있어 쓰였다는 것만으로도 척독은 아름다운 감동을 준다.

창 모서리에 뜬 봄 별을 오이처럼 따다가

조희룡이 친구에게

마침 편지가 도착하여 뜯어보고서 한바탕 웃었습니다. 마음속에 그리던 사람의 소식이 이렇게 닿았으니 무엇으로 보답할까요. 창 모서리에 뜬 봄 별을 오이처럼 따다가 답장 속에 넣어 바로 보내고 싶습니다. 편지를 읽고 그대가 새해를 맞이하여 기쁜 일이 더해졌음을 알고 마음이 놓였습니다. 그대의 불우함을 생각하면 나도 모르게 탄식이 터져 나오는 것은 어쩔 수가 없습니다. 하나 진평처럼 아름다운 분이 끝까지 곤궁하게 사는 법이 있을까요? 객지의 제 형편은 달리 알릴 게 없군요. 쓸데없이 크기만 한 7척 몸뚱이가 달팽이 집 같은 초가 안에 틀어박혀 있자니, 기지개를 켜기라도 하면 침침한 벽 기우뚱한 집이 삐걱삐걱 금세 무너질 것 같다는 점만 말씀드리지요. 꼴이 이러니 어찌겠습니까. 이만 줄입니다.

『수경재해외적독壽鏡齋海外赤牘』, 「답경미答景眉」

조선 한문학은 오랫동안 사대부들의 전유물처럼 여겨져 왔다. 18세기에 들어서서야 중인 계층까지도 한문학 활동을 활발히 하기 시작했다. 19세기에 이르러서는 일종의 소모임이라 할 수 있는 시사詩社를 형성해 활동하는데, 이들 위항인委巷人 계층의 문학을 일컬어 위항문학委巷文學 또는 여항문학閭巷文學, 중인문학中人文學, 서리문학胥吏文學이라고 한다.

이 척독은 바로 위항문학의 한 중심에 있던 조희룡이 임자도에서 유배 생활을 하던 중 서울 친구에게 보낸 답장이다. 임자도는 전남 신안군 임자면에 속한 섬이다.

조희룡은 중인 신분에 미관말직에 있었지만, 위항문학 운동의 핵심으로 활동한 시인이며 화가였다. 그는 글씨에도 능해 궁궐의 현판을 쓸 정도였고, 특히 매화와 난 그림에 뛰어났다. 한마디로 시·서·화에 두루 능한 지식인으로, 학문과 예술 모두를 중시하던 북학北學의 영향을 받은 인물이기도 했다.

한때는 시로 이름을 떨쳐 금강산의 좋은 경치를 시로 지어 올리라는 헌종의 명을 받았던 그였지만, 1851년철종 2에는 안동 김씨와 풍양 조씨 사이에 일어난 정치적 논쟁에 휘말려 임자도에 유배되었다. 그는 1853년 유배가 풀려 서울로 돌아와 유배지에서 쓴 편지를 묶어 『수경재해외적독』을 펴냈다. '적독赤牘' 역시 편지를 말한다.

그가 유배 중에 편지를 가장 많이 주고받은 이는 정암定庵 이기복李基福, 1791~?이다. 이기복은 의원으로 헌종의 어의를 지냈는데, 헌종에게 바친 약이 잘 안 들었다는 죄로 강진 고금도에 귀양 갔다가 1850년에 돌아왔다. 조희룡은 그런 이기복과 평생 마음을 나누는 지기知己로 지냈다.

조희룡은 이기복 외에도 시를 쓰고 그림을 그리며 많은 중인 친구들과 사귀었다. 그는 그런 교우 관계를 통해서 보고 들은 42명의 인물 이야기를 전기 형식으로 기록하여 책으로 엮었는데, 이 책이 『호산외사壺山外史』다. 그의 나이 쉰여섯의 일이었다.

절해고도에 묶인 몸이지만 서울에서 온 편지를 받고 한바탕 웃었다는 조희룡. 그는 그리운 사람의 소식을 받은 답으로 "창 모서리에 뜬 봄 별을 오이처럼 따다가 답장 속에 넣어 보내고 싶다"고 말한다. 이 편지를 받은 이는 봄 별을 오이처럼 따고 있는 그림이 눈앞에 그려져 입꼬리를 올리며 한바탕 큰 웃음을 터뜨렸을지도 모른다.

조희룡은 뒤이어 유배된 자신의 처지를 빗대어 "쓸데없이 크기만 한 7척 몸뚱이가 달팽이 집 같은 초가 안에 틀어박혀 있다"고 표현하고 있다. 그러면서 기지개라도 켜면 금세 무너질 것 같다고 해 웃음을 자아낸다. 아무리 어려운 상황에 처해 있어도 마음의 여유를 잃지 않고 오히려 힘든 상황을 웃음으로 전환시키려는 의지가 돋보이는 편지다. 어려운 처지에 있는 친구에게 위로의 편지를 받았는데 아무 걱정 말라는 듯 웃음 가득한 답장을 보내니 그 정이 애틋하기 그지없다.

조희룡은 척독을 사랑하는 여느 문인들처럼 한 줄 한 줄에 공을 들였다고 한다. 단 한 줄이라도 중복되는 글이 없도록 반드시 확인하고 썼으며 받는 이의 마음을 생각하며 아름다운 글쓰기를 시도했다. 그래서 아름다운 문장으로 받는 이의 마음을 따뜻하고 즐겁게 만들지 않았을까 싶다.

남쪽 바다의 적막한 물가, 황량한 산과 고목 사이 달팽이 집같이 작은 초가집 속에서 추위에 떨면서도, 때때로 내가 잘하는 그림에 손을 대어 갖가지 돌과 한 떨기 난초를 그려 내었다. 쓰러지듯 붓을 놀리고 빗물이 흩뿌리듯 먹물을 튀겨 돌은 짙은 구름처럼, 난초는 장전張顚, 당나라의 서예가 장욱張旭의 별호의 광초狂草처럼 그리고 보니 자못 기이한 기운이 서려 있었다. 하지만 알아줄 사람이 없으니 스스로 만족할 따름이다.

『화구암난묵畵鷗盦讕墨』

이 글 또한 조희룡이 유배 시절 임자도에서 쓴 글이다. 환갑이 넘은 나이에 절해고도로 유배 온 처지에 좋을 리가 있었을까. 조희룡은 황량한 환경에서도 그림을 그리고 벗들과 편지로 소식을 전하며 3년의 세월을 견뎠던 것이다.

제 2 부

예술

영혼의 대화를 나누다

앞에는 시내가 흐르는 집 한 채를 그려 주게

허균이 이정에게

큰 비단 한 묶음과 노랗고 파란 갖가지 물감까지 종에게 들려 서경평양으로 보내니, 뒤에는 산이 있고 앞에는 시내가 흐르는 집 한 채를 그려 주게.

집 둘레엔 온갖 꽃과 천 그루의 긴 대나무를 심게나. 집 가운데로는 남쪽으로 마루를 내고, 앞뜰을 널찍하게 만들어서 패랭이꽃과 금선초를 심고, 괴석과 예스런 화분을 놓아두게. 동쪽 안방에는 휘장을 걷고 도서 천 권을 진열하고, 구리 화병에는 공작새 꼬리를 꽂으며, 박산향로와 제기는 탁자 위에 놓아두게. 서쪽 창은 열어 두게.

젊은 아내는 나물국을 끓이고 동동주를 걸러서 신선로에 따르도록 하게. 나는 방 안에서 보료에 누워 책을 보고 있고, 그대와 다른 벗은 옆에서 우스갯소리를 하고 있네. 모두 복건과 비단신에 관대를 두르지 않은 도복 차림이라네.

한 가닥 향 연기가 주렴 너머에서 피어오르네. 여기에 두 마리 학이 바위에 낀 이끼를 쪼고 있고, 빗자루를 안고 꽃잎을 쓸고 있는 동자까지 그려 넣는다면, 내가 바라는 인생의 모든 것이 다 갖추어진 걸세.

그림이 완성되면 태징공台徵公, 태징은 이수준李壽俊의 자이 돌아오는 편에 부쳐 주기를 간절히 바라고 또 바라네.

『성소부부고』, 「여이나옹與李懶翁」 정미년 정월

허균이 절친하게 지냈던 화가 이정에게 1607년 1월에 보낸 척독이다. 허균은 비단 소설이라는 문학 장르뿐만 아니라 시, 시 평론, 기행, 잡기 등 다양한 글쓰기에 두루 뛰어난 문인이었다. 조선 최초의 양명학자로 정치나 학문에 관한 이론서를 집필하기도 했고, 명나라에서 많은 서적을 들여왔으며, 누이 허초희의 시를 엮어 명나라에 소개하기도 했다.

허균은 여러 장르를 두루 아우르는 전천후 작가인 동시에 책 수집가이며 출판인이기도 했다. 워낙 책을 좋아했던 그는 평생 많은 책을 사 모았다. 중국에 사신으로 다녀올 때도 수천 권의 책을 구해 왔을 정도다. 그는 단순히 책만 수집한 것이 아니라 "만 권 서책 중의 좀"이 되고 싶다고 했을 만큼 독서광이었다.

형식에 얽매이는 것을 싫어하고 자유분방함을 선호한 허균은 우리나라 최초로 천주교 서적을 들여온 인물이기도 하다. 그는 인간관계에 있어서도 남들과는 달랐다. 불교에 대해 호의적이라 여러 승려와 친분이 두터웠으며, 신분적 한계로 인해 불운한 삶을 사는 서자 출신들과도 교유할 만큼 신분이나 다른 이의 시선을 의식하지 않고 넓은 인맥을 형성했다.

그중 한 사람이 앞의 척독을 받은 이정이다. 이정은 그림뿐 아니라

시詩와 서書도 뛰어났으며 허균만큼이나 독특했다. 술을 매우 좋아하고 의리가 강하며 호방한 성격의 소유자였던 그는 허균보다 아홉 살이나 어렸지만, 이런 성격 때문에 서로 흉금을 털어놓는 막역한 사이가 되었다.

화가로서 이정의 실력은 "기축년1589, 선조 22에 장안사長安寺를 고쳐 지을 때, 그가 벽에 그린 산수화는 날아 움직일 듯했고, 사천왕상은 무시무시했다. 난우蘭嵎 주 태사명나라의 사신 주지번朱之蕃가 그림을 보고 '천고千古에 최고'라 크게 칭찬하면서 '천하에 짝할 이가 없다'고 말하며 마침내 그에게서 산수화를 많이 얻어 가지고 갔다."라는 「이정애사李楨哀辭」에 실린 허균의 평에서 알 수 있다.

1607년 1월 허균은 다양한 화풍을 구사하며 산수화에도 일가견이 있었던 이정에게 비단과 물감까지 보내며 그림을 그려 달라고 편지를 쓴다. 자신이 꿈꾸는 집을 상세하게 묘사해 마치 실재하는 집처럼 그려지기를 바라는 마음을 담았다. 허균보다 백여 년 후의 인물인 이덕무는 이 척독을 읽고 "정원의 배치를 묘사한 대목은 선명하고도 신묘하니 대단히 기이한 솜씨다."라고 평했다. 허균이 꿈꾸는 집을 보자.

뒤로는 산이 있고 앞으로는 시내가 흐르는 전형적인 배산임수背山臨水의 남향집. 마당이 넓고 주위는 나무와 꽃으로 단장되어 있다. 집 구조에서 가장 먼저 눈에 들어오는 것은 책이 가득한 서재다. 한쪽에서 젊은 아내가 술상을 준비하고, 자신은 방 안에서 책을 읽고, 이정과 다른 벗들은 허리띠를 푼 채 농담을 주고받는다. 산을 뒷배경으로 하여 학이 노닐고 동자는 꽃잎을 쓸고 있다.

허균은 척독에 집을 지어 달라는 것이 아니라 그림으로 그려 달라는 소박한 요청을 담았다. 그것도 혼자만의 집이 아닌, 벗들과 함께 세월을 보내는 모습을 담은 집을 그려 달라고 청했다. 허균은 이 척독에서 이정에게 그런 세상을 함께 꿈꾸자는 제안을 한 게 아닐까.

그러나 허균의 바람은 안타깝게도 실현되지 못했다. 척독을 보낸 다음 달에 서경에서 온 사람으로부터 이정이 죽었다는 소식을 듣게 된다. 이정은 허균의 척독을 읽었을까? 읽었다면 어떤 심경이었을까? 아름다운 경치나 산수를 보면 술에 취해 목청 높여 노래를 부르며 집에 돌아갈 줄 몰랐다는 이정. 그는 허균의 척독을 읽고 벗이 꿈꾸는 집을 금세 머릿속으로 그렸을지도 모른다. 허균은 벗의 죽음을 접하고 통곡했다. 그리고 서른 살 짧은 생애를 마친 벗 이정을 위해 「이정애사」를 남겼다.

> (중략) 그는 술을 즐겼고 도량이 넓었다. 글씨도 잘 쓰고 시도 잘 지었는데, 다 세속적이지 않고 비범하였다. 겉보기에는 뒤가 흐려 무슨 일을 제대로 못 할 것처럼 보이지만 그 속은 툭 트이고 조예도 깊었다. 불교에 대해서도 깊은 깨달음을 얻어 상식을 뛰어넘는 분석을 하였다. 비록 가난하여 남의 집에 얹혀살며 지냈으나 의義가 아닌 것은 취하지 않았고, 마음에 맞지 않으면 아무리 권세가 하늘을 찌를 듯한 사람일지라도 대수롭지 않게 여겨 행여 물들세라 떠나 버렸다. (중략) 나는 소탈하여 속세를 초월하고 자유분방한 것이 서로 통하므로, 나이고 벼슬이고 따지지 않고 서로 깊이 아껴 왔다. 그런데 헤어진 지 얼마 되지 않아 문득

유명을 달리하였다. 아, 슬프다. 그가 선禪을 말하고 현묘한 도리를 밝혀 돌연 내 마음을 일깨워서 단하선사丹霞禪師가 불상을 태운 뜻을 깨닫게 했던 것을 떠올릴 때마다 먹는 일도 잊었다. 아, 금신나한金身羅漢이 꿈에 나타나지 않았다면 어찌 이런 사람이 태어났을 것인가. 그 또한 기이한 일이다. 이제 글을 지어 그의 죽음을 슬퍼하노라.

『성소부부고』, 「이정애사」

허균이 아니었다면 우리는 그 시대를 살았던 이정이라는 화가에 대해 잘 알지 못했을 것이다. 허균이 그에게 보낸 아름다운 문장, 척독과 그의 생애를 담은 「이정애사」를 통해 당대를 대표했던 또 한 사람의 예술가를 알게 되었다.

나 속세에 어울리지 못하여
기인畸人이 되었을 제
그대만이 나와 뜻이 맞아
일찍이 벗을 맺어 단짝이 되었네.
사람마다 어지럽게 헐뜯고 나무라니
슬프도다, 이내 몸 어디로 갈까?
그대만 데리고 은거하여
산중에서 멋대로 살까 생각했네.

『성소부부고』, 「이정애사」

허균이 이정을 기리는 애사哀辭를 보면, 그는 이정에게서 자신의 모습을 보았던 것 같다. 세상과 화합할 수 없는 이들의 공감 속에서 그런 집을 그려 달라고 하지 않았을까? 어쩌면 허균이 꿈꾸었던 집은 세상과 단절된 그들만의 공간이 아니었을까? 홍길동이 찾는 세상과도 맥을 같이할는지도 모르겠다.

허균은 늘 새로운 것에 목말랐고, 그것을 해소하기 위해 많은 책을 읽었다. 그리고 새로움에 대한 갈구는 새로운 형식의 문학 장르를 열었다. 그것이 척독이다. 명나라 사람들의 척독을 뽑아 『명척독』이란 책을 편 것이 그 출발이었다.

허균은 다양한 글쓰기를 시도했지만 척독에 대해서 각별했다. 그는 척독을 "짧은 글과 단편적인 언사로 이치의 근원을 깨뜨리고 사람의 뜻을 설득해 뜻이 말 너머에 있도록 하는 것"이라고 설명했다. 그래서 그는 누구보다 척독을 통해 자신의 메시지를 강하게 남겼을 뿐만 아니라 벗에게 술을 청하기도 하고, 누이와 형님의 문집 서문을 청탁하기도 하고, 독서 중에 생긴 의문에 대한 문답의 방편으로 쓰기도 하는 등 척독을 다양하게 활용했다.

산중에서 하룻밤 묵고 나니

김정희가 초의에게

산중에서 하룻밤 묵고 나니 마치 번뇌에서 벗어나 삼매三昧의 경지로 들어선 것 같았네. 다만 잠꼬대 같은 소리로 스님들에게 괴이한 꼴을 보였으니 놀림과 꾸지람을 받기에 충분하네. 그대의 편지를 받고 보니 이승에서 다 맺지 못한 인연을 다시 잇는 듯하여 기쁘고 고맙네. 해붕 스님은 여전히 잘 지내시는가?

한번 맺어진 정을 끊어 버릴 수가 없네. 어김없이 반복되는 속인의 따분한 일뿐이라 그대에게 들려줄 만한 게 없네. 이번에 보내는 염주는 『사십이장경四十二章經』의 수에 맞춰 원래는 마흔두 알이었는데 2개가 깨져 버렸네. 한스럽지만 어쩌겠나.

『완당전집阮堂全集』, 「여초의與草衣」 1

조선 사회는 기본적으로 유교를 국가 이념으로 받들어 다른 학문에 대해서는 배타적이었다. 그럼에도 유학자들 중에는 불교학에 관심을 보이거나 연구를 한 이들이 더러 있었다. 조선 말기 실학자이자 서화가인 추사 김정희도 그중 한 명이다. 그는 유학을 비롯한 여러 학문을 두루 섭렵했지만, 특히 불교에 대해서는 일찍부터 남다른 애정을 보였다. 그의 부친인 유당酉堂 김노경金魯敬, 1766~1837이 당대 최고 선지식善知識이었던 대흥사 해붕海鵬, ?~1826 스님과 교유했던 영향이 컸던 것으로 보인다. 승려들과 주고받았던 서간書簡, 제사題辭와 발문跋文 등이 김정희의 문집에 실려 있을 정도로 승려들과의 교유가 빈번했다. 김정희는 말년에 수년간 봉은사에 기거하면서 선지식으로 대접받았다.

이렇듯 어려서부터 승려들과 교유하면서 불전佛典을 섭렵했던 그는 당대의 고승들과도 친교를 맺었다. 특히 백파白坡, 1767~1852와 초의 두 대사와 친분이 깊었다. 그중 초의와는 나이도 같아 친구처럼 지냈다.

이 척독은 「여초의與草衣」, 곧 초의에게 주는 편지다. 초의는 조선 후기의 대선사로서 우리나라 다도를 정립해 '다성茶聖'으로 불린다. 그는 강진으로 유배 온 다산茶山 정약용丁若鏞, 1762~1836에게서 유학과 시문을 배우는가 하면 김정희와 절친하게 지냈다. 김정희가 제주도로 유배를 떠나자 1843년에는 6개월 동안이나 제주도에 머물 만큼 서로 각별한 사이였다. 초의는 해마다 차를 보내 오갈 데 없는 김정희를 위로했으며, 떨어져 있는 동안 많은 편지를 주고받았다.

이 척독에서 김정희는 초의와 편지를 주고받는 일이 기쁘다고 했다. 불교의 초기 경전인 『사십이장경』에 맞추어 마흔두 알로 만든 염주를 초의에게 보냈다는 내용에서 그들의 친분을 짐작할 수 있다.

이처럼 김정희는 초의와 많은 편지를 주고받았다. 자신의 안부를 전하기도 하고 초의의 안부를 묻기도 하면서, 때로는 차를 보내 달라

는 요구도 했다. 어찌 보면 특별할 것이 없는 일상이지만 그들의 편지에는 특별한 우정이 배어 있다. 유교 사회에서 유학자와 출가 수행자로 만나 수십 편이 넘는 편지를 주고받으면서 그들은 아름다운 만남을 이어 갔다.

풀 옷 입고 나무 열매 먹으며 또 한 해를 지내고 보니 나이 또한 오십이 다 되었구려. 그대는 응당 주름살 지지 않는 방법이 있겠지만, 나는 이리저리 떠도는 신세라 이는 성글어 이쑤시개를 쓸 일이 없고, 머리카락조차 빗질할 것이 없을 정도로 하루가 다르니 긴 한숨을 내쉴 뿐이라네.
헤어진 뒤로 우리 모두 소식을 잊었구려. 두륜산 마루턱이 인간 세상보다 높아서 편지가 닿을 수 있는 곳이 아니란 말인가? 해 바뀐 뒤로도 술은 여전한가? 나는 아픔을 안고 깊은 산속에 묻혀 있다 보니 온갖 생각에 더욱 사위어 가네. 다만 부친께서 그 사이 귀양에서 풀려나 벼슬에 나가게 되었네. 감격스럽고 경사로움을 삼라만상에 어떻게 보답해야 할지 모르겠네.
그대는 비록 세상 밖에 자취를 감추고 산림에 그림자를 숨겼다 할지라도 산도 슬퍼하고 강물도 시름겨워 하는 이치는 같은 것이네. 국상에 조문하러 한번 오고 싶지 않은가? 오는 쪽으로 계획해 주었으면 하네. 마침 저보邸報를 보내는 인편을 이용하면 매우 편하다기에 대략 두어 글자를 부치네. 이 사람이 돌아오는 편에 답을 부쳐 주길 바라네.

철선 스님은 별고 없는가? 각자에게 편지를 못 하니 돌려서 보았으면 하네. 나머지는 뒤로 미루고 이만 줄이네.

『완당전집』, 「여초의」 5

초의는 김정희의 부친이 고금도로 유배되었다는 소식을 듣고 서울 김정희의 집을 찾았다. 초의가 김정희의 집에서 머물다 대흥사로 돌아간 후로 서로 소식이 뜸했던 모양이다. 김정희는 자신의 모습도 전하고 유배되었던 부친이 다시 벼슬을 하게 되었으니 어서 서울로 인사 오라는 말을 하고자 이 편지를 썼다.

비록 곤란한 처지가 되어 힘이 들어도, 나이가 들어 쓸쓸해도 서로를 생각해 주고 멀리서 찾아와 함께할 친구가 있다면 힘겹거나 외롭지 않을 것이다. 김정희는 이 편지에서 속인으로 사는 자신과 세상 밖에 자취를 감추고 사는 초의의 처지가 다름을 말하면서 그립단 말을 전한다. 편지로라도 서로의 마음을 전할 수 있기를 바란다는 말도 잊지 않았다. 이렇듯 척독은 그리움의 향기가 묻어나는 정情의 표현이었다.

당분간 달 밝은 저녁이면

박지원이 홍대용에게

어젯밤 달이 밝기에 비생斐生을 찾아갔소. 그를 데리고 집에 돌아와 보니, 집을 지키던 자가 말하기를 "키 크고 수염 좋은 손님이 노랑말을 타고 와서 벽에다 글을 써 놓고 갔습니다." 하더이다. 촛불을 비춰 보니 바로 그대의 필치였소. 안타깝게도 내게는 손님이 왔다고 알려주는 학鶴이 없기에 그만 그대에게 문에다 '봉鳳'자를 남기게 하였소. 섭섭하고도 송구하구려. 이제부터는 당분간 달 밝은 저녁이면 감히 밖에 나가지 않을 거요.

『연암집』, 「사담헌謝湛軒」

홍대용이 어느 날 밤 박지원의 집을 방문했던 모양이다. 박지원은 그날 마침 달이 밝아서 비생에게 가는 바람에 집에 없었다. 여기서 손님이 왔다고 알려주는 학이란 송나라의 은사隱士 임포林逋와 관련한 이야기에서 비롯되었다. 임포는 학 두 마리를 길렀는데, 손님이 오면 그 학이 손님이 온 것을 알렸다고 한다. 그런 학이라도 있었으면 홍대용을 맞을 수 있었을 텐데 그러지 못했다는 아쉬움을 담은 말이다. 문에다 '봉' 자를 남겼다는 것은 진나라 때 여안呂安이 친구 혜강嵇康의 집에 찾아갔던 고사를 두고 한 말이다. 마침 혜강이 출타 중이어서 그의 형 혜희嵇喜가 반갑게 맞아 주었으나 여안은 문 위에 봉 자를 써 놓고 갔다고 한다. '봉'은 파자破字하여 읽으면 '범조凡鳥' 즉 '평범한 새'라는 뜻이다. 혜희가 평범한 인물이므로 함께 사귈 만하지 못하다는 뜻을 넌지시 표현한 것이다. 이후 누구를 찾아갔다가 만나지 못하고 돌아간다는 뜻으로 쓰였다.

박지원은 이처럼 옛글에서 상황에 맞는 글을 찾아내어 적절하게 인용함으로써 읽는 이가 절로 웃음 짓게 만드는 탁월한 이야기꾼이었다. 못 만나서 섭섭하고 집에 없어서 송구하다며 "이제부터는 당분간 달 밝은 저녁이면 감히 밖에 나가지 않을것"이라고 말하는 대목에서는 그 능청스러움에 박장대소하게 된다. 이런 편지를 받은 홍대용의 기분이 어땠을지 절로 상상이 되지 않는가.

박지원은 허균만큼이나 척독의 묘미를 알고 즐겨 쓰던 이였다. 척독 50편을 모아 『영대정잉묵映帶亭賸墨』이라 이름 붙이고, 그 서문에서 "특히 봄 숲에서 새 울음을 들으면 소리마다 각기 다르고 해안의 성시城市에서 보물을 둘러보면 하나하나 다 새롭다. 연잎 위의 이슬은 본디 둥글고 초나라의 박옥璞玉은 깎지 않은 채로 있다. 이것이 바로 척독을 짓는 사람들이 『논어論語』의 문답체를 계승하고 『시경詩經』의 진솔함을 본받은 이유이다."라고 하였다. 편지에서 상투적인 어구를 쓰고 실정에 맞지 않는 고문을 인용하는 세태를 비판한 것이다.

그리고 마지막에 "우연히 상자 속을 뒤지고 있었다. 추운 겨울을 맞아 창구멍을 바르려고 헌 종이를 찾던 참이었다. 옛날에 친구에게 보냈던 편지의 복사본을 찾아내었다. 모두 50여 건이었다. 어떤 것은 글자가 파리 대가리만 하게 작고 어떤 것은 종이가 나비 날개마냥 얇다. 어떤 것은 장독 덮개로나 쓸 만하고 어떤 것은 바구니를 바르기에도 모자란다. 이것들을 한 권으로 베껴 내어 방경각의 동루에 보관한다." 라고 척독을 편집하게 된 계기를 밝혔다. 그가 겸손하게 표현할수록 척독에 대한 끌림이 강하게 느껴진다.

글머리의 척독에서 느껴지는 것처럼 박지원은 홍대용과 각별하게 지냈는데, 그가 작은아버지를 따라 연행을 한 후 시야가 더 깊고 넓어진 것을 보며 무척 부러워했다. 그 뒤 박지원도 팔촌 형이 연행할 때 따라갔다 와서 『열하일기熱河日記』를 썼다. 이때 홍대용은 청나라 지인 용주蓉洲 손유의孫有義에게 편지를 써서 박지원을 부탁하기도 했다.

박지원은 1780년 6월 압록강을 건넌 뒤 북경을 거쳐 열하에 갔다가 다시 북경을 거쳐 10월 말 서울로 돌아오기까지 약 4개월 동안 경험한 내용을 『열하일기』에 담았다. 홍대용의 『의산문답醫山問答』과 마찬가지로 그는 『열하일기』에서 반청反淸으로 격앙된 조선에 청나라의 경제적, 문화적 발전상을 소개하며 북학론을 개진한다.

『열하일기』는 북학 논의의 절정을 이루었을 뿐만 아니라 그 문체도 당시로서는 파격적이면서 직접적이고 해학적이어서 발표 이후 문체반정文體反正의 주 표적이 되었다. 글을 쓰는 데 있어서 문체가 무슨 문제가 되느냐고 하겠지만, 조선 사회에서는 그것을 상당히 큰 문제로 바라보았다. 장르에 따라 문체가 다르듯 소설이나 소품문小品文이 유행하면서 문체가 이전과 확연히 달라졌다. 정조는 새로운 글쓰기 흐름인 척독을 비롯한 소품문 문체를 지극히 불순한 잡문체로 여겨 전통 고문을 모범으로 삼아 이를 바로잡으려고 했는데, 이것이 '문체반정'이다. 그 문체반정의 주 표적이 되었던 박지원의 자유로운 문체를 그의 척독을 통해서도 감상할 수 있다.

박지원과 홍대용 사이에는 잊을 수 없는 특별한 추억이 있었다.

22일. 국옹麯翁과 함께 걸어서 담헌의 집에 갔다. 풍무風舞, 김억金檍의 호가 밤에 왔다. 담헌이 비파를 타자 풍무는 거문고로 화답하고 국옹은 맨상투 바람으로 노래를 불렀다. 밤이 깊어 떠도는 구름이 사방으로 얽히고 더운 기운이 잠깐 물러가자, 줄에서 나는 소리는 더욱 맑게 들렸다. 주변에 있는 사람들은 조용히 침묵하고 있어 마치 도인이 내면을 수양하고 참선하는 승려가 전생을 단박에 깨닫는 것 같았다. 무릇 자신을 돌아보아 올바르다면 삼군三軍이 있더라도 반드시 가서 대적할 수 있다더니, 국옹은 한창 노래 부를 때는 옷을 훨훨 벗고 두 다리를 쭉 뻗고 앉은 품새가 옆에 아무도 없는 듯 거리낌 없었다.

매탕梅宕, 이덕무의 호이 언젠가 처마 사이에서 왕거미가 거미줄 치는 모습을 보고 즐거워하며 나에게 말한 게 있었다.

"절묘하더군요! 머뭇거릴 때는 마치 무슨 생각이 있는 것 같고, 재빨리 움직일 때는 마치 무언가를 깨달은 것 같습니다. 씨 뿌린 보리를 발로

밟아 주는 것도 같고, 거문고 줄을 손가락으로 누르는 것도 같습니다."
그런데 지금 담헌이 풍무와 어우러져 연주하는 것을 보고서 나는 왕거미의 행동을 깨우치게 되었다.
지난여름에 내가 담헌의 집에 간 적이 있었는데, 그때 담헌은 한창 악사 연延, 연익성延益成과 함께 거문고에 대해 논하는 중이었다. 때마침 비가 올 듯이 동쪽 하늘가의 구름이 먹빛을 띠고 있어 천둥소리 한 번이면 용이 승천하여 비를 부를 수 있을 듯싶었다. 이윽고 긴 천둥소리가 하늘을 지나갔다.
"이것은 무슨 성聲에 속하겠는가?"
담헌이 연에게 말하더니, 마침내 거문고를 당겨 천둥소리와 곡조를 맞추었다. 이에 나도 「천뢰조天雷操」를 지었다.
『연암집燕巖集』, 「하야연기夏夜讌記」

「여름밤 잔치 기록」이라는 글이다. 평소 음악적 재능이 뛰어났고, 음악을 하는 이라면 신분을 가리지 않고 교유했던 홍대용의 주도로 이루어진 여름밤의 음악회는 그 자리에 참석했던 이들에게 굉장한 문화적 충격을 주었던 모양이다. 박지원을 비롯한 많은 이들이 그날 밤의 감흥을 잊지 못하고 글로 남기기도 했다. 그들은 문학을 논했을 뿐만 아니라 음률을 즐기는 시간도 자주 가졌다.

형암炯菴, 이덕무의 호·초정 등이 관직에 등용된 것은 특별한 일이라 할 만합니다. 태평성대에 뛰어난 재주를 지니고 있으니 틀림없이 버림받는 일은 없겠지요. 이제부터는 하찮은 녹이나마 얻게 되어 굶어 죽지는 않을 것입니다. 어찌 사람에게 나무에 달라붙어 있는 허물 벗은 매미처럼, 구멍 속의 지렁이가 지하수만 마시는 것처럼 살라고 요구할 수야 있겠습니까.

(중략) 나는 지금 시골 오두막집에 보잘것없이 살고 있어 산 밖의 일은 듣지 못할 뿐만 아니라 묻지도 않습니다. 그들의 일에 상관할 바 없습니다만 형과 마찬가지로 평소 사랑하고 아끼는 마음이 있기에 편지를 쓰면서 자연히 언급하게 된 것입니다. 그 사이에 서신 왕래가 있었는지, 그 친구들이 중국에 다녀온 일기를 완성하여 보여 드렸는지 모르겠습니다.

『연암집』, 「답홍덕보서答洪德保書」

박지원은 홍대용에게 보내는 또 다른 편지에서 이덕무와 박제가의 벼슬살이에 대해 언급했다. 이덕무와 박제가는 서얼 출신으로 과거도 볼 수 없었고, 벼슬에 오르기도 쉽지 않았다. 그들과 처지가 달랐던 박지원이나 홍대용은 그들의 재능을 알아주지 않는 시대를 안타까워했다. 그래서 시골에 들어가 살며 세상사에는 관심 갖고 싶어하지 않았지만 후배들의 관직 소식은 기뻐하며, 그 소식을 홍대용에게 전하고 싶었던 것. 편지가 아니면 이런 살가운 마음을 어찌 나눌 수 있겠는가.

박지원은 이런 맛으로 척독을 즐겼던 것 같다. 허균이 『명척독』을 내 조선 사회에 척독의 문을 열었다면, 박지원은 척독의 묘미를 가장 멋지게 살렸다고 할 것이다. 글은 비록 짧게 압축되어 있지만 그 속에 수다가 이어질 것 같은 기운, 장황하지 않지만 또렷하게 느껴지는 감성이 척독의 맛이라고 하겠다.

바람결에 그리워 편지를 씁니다

김정희가 이하응에게

요사이 편안하셨습니까? 지난번에 편지와 국화를 연습한 화폭을 받아 보니 질솥만 있던 진흙 벽에 광채가 뻗치는 기이함이 느껴졌습니다. 이장을 비롯한 시골 사람들이 모두 놀라서 넋을 잃었습니다. 그 누가 봄 국화가 불가능하다 했단 말입니까. 붓끝으로 만들어 낸 신묘한 모습은 참으로 조화를 옮겨 온 것이 아니겠습니까. 국화 치는 법이 매우 원숙하여 더할 수가 없습니다. 원숙한 뒤에 다시 하나의 묘체를 만들어 내는 데에 깊이 유의하시기를 기원합니다.

며칠 전부터 날씨가 좋아지기 시작했으니, 진정 난을 칠 때입니다. 붓을 몇 자루나 쓰셨습니까? 바람결에 그리워 편지를 씁니다. 이만 줄입니다.

『완당전집』, 「여석파與石坡」 7

추사체로 잘 알려진 김정희는 다방면에 걸쳐 재능이 뛰어난 인물이었다. 학문에 있어서 금석학을 필두로 사학, 문자학, 음운학, 천산학天算學, 지리학 등에 능통한 그를 두고 청나라의 이름난 유학자들은

'해동에서 제일가는 박식한 선비'라고 칭찬해 마지않았다. 또한 그는 어릴 때부터 재능이 남달라서 일찍부터 북학파 박제가의 눈에 띄어 제자가 되어서 스승의 뒤를 잇기도 했다.

그는 예술 분야에서도 뛰어난 업적을 남겼다. 모든 서체의 장점을 밑바탕으로 해서 독창적인 필체를 개발했다. 그것이 추사체다. 추사체는 필체가 예스럽고 고상하다는 의미인 '졸박청고拙樸淸高'라는 평을 받는다. 그림 또한 일가를 이루어 '세한도歲寒圖'와 같은 명작을 남겼으며 난을 잘 치기로 유명했다. 그의 예술은 조희룡, 소치小癡 허유許維, 1809~1892, 석파石坡 이하응李昰應, 1820~1898, 고람古藍 전기田琦, 1825~1854, 이재彛齋 권돈인權敦仁, 1783~1859 등에게 많은 영향을 미쳐 당시 서화가로서 그의 영향을 받지 않은 사람이 거의 없을 정도였다.

「석파에게 주다」라는 이 척독은 그의 제자인 이하응에게 보낸 것이다. 흥선대원군으로 더 잘 알려진 이하응은 김정희와는 먼 친족 관계이기도 하다. 김정희는 양어머니 남양 홍씨를 통해 이하응의 부친인 남연군과 이종사촌 사이가 된다. 이하응은 이런 관계로 일찍이 김정희의 문하에 들어가 글과 그림을 수학했다.

이 척독은 이하응이 스승인 김정희에게 편지와 함께 자신이 그린 그림을 보낸 데 대한 답장이기도 하며 그림에 대한 평이기도 하다. 봄에 받은 그림 안에 국화가 그려져 있었다. 자연의 이치상 봄에 국화가 필 수는 없다. 김정희는 『관윤자關尹子』에서 "하늘도 겨울에는 연꽃을 피우지 못하고 봄에는 국화를 피우지 못한다. 그러므로 성인聖人은 시절을 어기지 않는다."라는 말을 인용하면서 오로지 그것이 그림에서만 가능하다고 말한다. 게다가 이하응의 그림은 붓끝으로 천지의 조화를 옮겨 왔다고 느낄 만큼 빼어났다.

이하응은 워낙 난을 잘 쳤다. 그의 난 그림을 보고 김정희가 "압록강 동쪽에 이만한 작품이 없다."고 찬사를 보냈을 뿐만 아니라 "내게 난초 그림을 얻고 싶은 사람은 모두 석파에게서 얻어야 할 것이다."라고 했을 만큼 이하응은 난 그림에서 청출어람이라고 할 수 있었다.

서릿발이 반짝반짝 빛나서 손에 쥐면 차갑습니다. 꽃 피면 한번 보자 했는데 시간이 차츰 흘러서 이즈음에 이르고 보니, 무엇을 대해도 마음이 울적합니다. 저무는 가을에 몸이 편안하시다니 마음이 놓입니다. 다만 공의 일로 마음을 많이 쓰시는 데 대해서는 염려하지 않을 수 없습니다. 이 사람은 노환이 가을에 더욱 심해져서 기운이 몹시 쇠하였습니다. 이제 나의 분수는 초목과 함께 썩어 가는 일만 남은 것 같습니다.

보내 주신 난 그림을 보니 저도 공경을 표해야 하겠습니다. 압록강 동쪽에는 이만한 작품이 없습니다. 그저 면전에서 아부하려고 꾸미는 말이 아닙니다. 옛날 이장형이 이런 화법畵法을 지녔었는데, 지금 다시 그것을 보게 되니 이 얼마나 신기한 일입니까. 당신께서도 여기에서 나온 줄을 몰랐을 것입니다. 이것이 바로 서로 일치하는 묘미입니다. 나머지는 벼루가 얼어서 이만 줄입니다.

『완당전집』, 「여석파」 5

김정희는 이하응에게 보낸 다른 편지에서 그가 그린 난 그림을 명나라 때 시인이자 서화가였던 이유방李流芳의 그림에 비유하며 찬사를 아끼지 않았다. 이하응의 난 그림은 스승 김정희의 필묵법을 바탕으로 하고 있지만 그만의 고도의 필력과 문기文氣를 함축하고 있다고 평가된다. 난 잎을 그릴 때 굴곡을 세 번 주는 김정희 특유의 삼전법을 잘 활용하면서도 잎끝을 예리하게 처리하는 게 이하응 화법의 특징이다. 또한 그의 그림에서 난과 어울린 괴석도 눈여겨볼 만하다.

아무리 청출어람이라도 스승은 스승이다. 김정희는 "원숙한 뒤 다시 하나의 묘체를 만들어 내는 데에 깊이 유의하라"고 조언을 한다. 예술은 정체되어 있지 말아야 발전한다는 것을 말한 게 아니겠는가. 이는 하나의 작품을 완성하기 위해 얼마나 많은 붓이 소모되었는지 경험해 본 사람만이 할 수 있는 격려가 아닐까.

이하응에게 쓴 김정희의 척독을 보면 제자를 대하는 예법이 남다르다는 것을 알 수 있다. 제자를 대하는 그의 마음이 묵향처럼 그윽하게 느껴진다.

제3부

학문

함께 꿈꾸는 세상을 일구다

천년 전의 옛사람도 벗 삼거늘

홍대용이 주문조에게

나 홍대용은 머리 숙여 절하고 주낭재 선생 동생에게 답장하네. 오호라! 구봉은 철교의 형이니 내 형이 되고, 낭재는 철교의 동생이니 내게 동생이 되는 것이 마땅하지 않겠는가. 벗과 벗이 사귀는 것은 뜻志이 같아서이고, 도道가 맞아서이네. 뜻이 같고 도가 맞는다면 천년 전 옛사람도 벗 삼거늘, 하물며 같은 시대 사람은 말해 무엇하랴. 만 리에 한마음으로 멀리서 서로를 인정하였으니, 이는 도의로 맺어지고 성명性命으로 맺어진 것이네. 어찌 몸이 멀리 있고 지역이 다른 것을 따지겠는가. (하략)

『담헌서湛軒書』, 「답주낭재문조서答朱朗齋文藻書」

펜팔이란 편지로 친구를 사귀는 것을 말한다. 처음부터 알지 못한 사이라도 편지를 주고받으며 우정을 쌓아 가는 즐거움이 있어 오래전부터 펜팔을 하는 이들이 많았다. 펜팔은 편지를 매개로 하기 때문에 지역이나 나라에 구애받지 않는다. 조선 시대에도 국제 펜팔을 하는 이가 있었다. 홍대용은 중국에 있는 지우들과 곧잘 편지를 주고받았다.

홍대용은 어떻게 중국에 있는 지우들과 편지를 나누게 되었을까? 조선 후기 실학자인 홍대용은 1765년 작은아버지 유직幼直 홍억洪檍, 1722~1809을 따라 청나라에 가게 되었다. 홍억은 당시 다른 나라에 사신으로 가는 이들을 수행해 기록하는 벼슬인 서장관이었다. 홍대용은 북경에서 철교鐵橋 엄성嚴誠, 추루秋庫 반정균潘庭筠, 소음篠飮 육비陸飛와 같은 그곳 선비들을 만나 필담으로 학문과 정치, 예술 등을 논했다. 말은 서로 다르지만 글은 중국이나 조선이나 같은 한자를 쓰기에 필담으로 대화를 이어 갈 수 있었다. 그들과의 접촉이 거듭될수록 서로의 뜻을 확인하고 친밀한 사이로 발전하게 되었다. 그중 엄성과는 의형제를 맺기도 했다. 긴 시간을 두고 만난 것도 아니고, 말이 통하는 것도 아니었지만 글로써 서로 마음을 전하기에는 충분했다. 한자와 유교 문화가 바탕이 되어 서로 공감대를 형성할 수 있었다.

홍대용은 귀국한 뒤에도 계속 그들과 편지로 교류하면서 서로의 학문을 격려하고 충고했다. 그들은 절강성 항주 출신으로 과거를 치르기 위해 북경에 와 있다가 낙방한 후 고향으로 돌아갔다. 그들에게 편지가 전해지려면 북경에 있는 지인들을 통해야 했고 시간도 오래 걸렸다. 그러니 자연 한 통의 편지에 사연을 구구절절 담아야 했다. 편지의 성격은 척독이었지만 조선과 청을 오가는 사정 때문에 여느 척독과 달리 장문의 편지가 될 수밖에 없었다.

이 편지는 「낭재 주문조에게 답하는 글」이다. "낭재는 철교의 동생이니 내게 동생이 되는 것이 마땅하지 않겠는가."라는 대목에서 두 사람이 돈독한 관계임을 알 수 있다. 엄성과는 의형제를 맺은 사이이니, 엄성의 동생이면 자신의 동생도 된다는 것이다. 이어서 홍대용은 벗을 사귀는 일에 대한 자신의 생각을 말한다.

일찍이 '인생의 즐거움이란 벼슬길에 나가서는 군신 간에 뜻이 맞는 데 있고, 초야에 묻혀서는 붕우 간에 마음이 맞는 데 있다.' 생각하였네. 군신 간에 뜻이 맞는 즐거움은 명운이 따라야 얻을 수 있고, 붕우 간에 마음이 맞는 즐거움은 도의를 지녀야 얻을 수 있네.
『담헌서』, 「답주낭재문조서」

홍대용은 임금과 신하 간에는 서로 뜻이 맞아 믿고 일할 수 있어야 하고, 친구 사이에는 마음을 알아줄 수 있어야 한다고 말한다. 그래서 벗 사이에 벗이 될 수 있는 만큼의 도道가 있으면 천년 전의 옛사람도 벗을 삼는다고 했다. 홍대용은 그런 도를 바탕으로 중국의 친구들과 우정을 나누었기에 국적이 문제 되지 않았다.

서호西湖의 군자 3인을 만나 한 번 보고 친교를 맺었네. 진실한 맹서는 밝게 빛났으며, 7일 동안의 품격 있는 모임은 즐거워 죽을 지경이었지. 아! 어찌 의도해서 되는 일이겠는가. 실로 운이 좋았던 것이었네. 철교와 형제를 맺어 서로 허물을 보완하여 완전한 그릇이 되도록 한 일은 평생의 소망이었는데 이별한 지 2년 만에 갑자기 그가 죽었다는 소식을 받았네.

『담헌서』, 「답주낭재문조서」

계속해서 홍대용은 지난날 북경에서 엄성, 반정균, 육비 세 사람을 만난 일을 회고하고, 주문조가 형으로 받드는 엄성의 별세 소식에 대해 언급하고 있다. 처음 만나 즐거워 죽을 지경으로 정을 쌓았던 엄성의 죽음은 홍대용에게 큰 충격이었던 모양이다. 그는 또 "병이 위독했을 때의 정황이 그렇게 가엾었다고 하더군. 아, 낭재여! 나의 마음이 목석이 아닌데 어찌 무정할 수 있겠는가. 집에 들어가면 벽을 돌면서 하늘에 호소해 보지만, 무엇을 보아도 슬프고 마음이 쓰리네. 죽은 뒤에야 그치게 될 터이니, 비참한 이 마음을 차마 뭐라 말하겠는가."라며 슬픔을 토로했다.

엄성은 홍대용과 편지를 주고받은 2년의 세월 끝에 복건 지방에서 객사했다. 홍대용의 마음을 더 사무치게 한 것은 엄성이 홍대용의 편지를 가슴에 얹고, 그가 선물한 조선 묵墨의 향내를 맡으면서 세상을 떠났다는 소식이었다.

홍대용은 그 당시의 슬픔을 전하며 북경에서 세 친구와 나누었던 7일간의 필담과 왕래한 서찰을 정리해 『건정필담乾淨筆談』을 짓고, 이를 다시 『제금집題襟集』으로 엮었다는 소식을 전한다. 특히 책의 말미에 엄성에게 준 마지막 글을 붙였다고 했다. 그 책을 편지와 함께 보내려고 하니 잘 살펴 달라는 부탁의 말도 잊지 않았다.

짧은 만남, 그리고 긴 세월 동안 국경을 넘어 이어 온 편지로 다져

진 우정은 죽음으로도 끝나는 것이 아니었다. 천년 전의 옛사람도 마음이 통하면 벗 삼는다고 하지 않았는가. 천년 전 사람의 마음이나 지금 사람의 마음이나 다를 게 있겠는가. 오늘날까지도 그들의 우정이 향기로 전해지는 듯하다.

사해는 다 형제입니다

홍대용이 손유의에게

천하는 한집안이요, 사해四海는 다 형제입니다. 의로운 일을 도모할 만한 의리가 있고 거리낄 만한 행적이 없는 이상, 맘에 맞는 친구와 학문하는 즐거움을 공연히 버려서야 되겠습니까. 남들의 입방아에 오르는 것이 두려우니 절대 비밀로 하라는 말씀은 대단히 좋습니다. 매헌梅軒이 지방에서 벼슬하여 귀향하기도 전에 죽고 말았다니 슬픕니다. 다음에 별도의 서찰로 조문해야 하겠습니다. 붓, 먹, 종이, 부채를 보내 주셔서 감사합니다.

연암 박지원은 문장을 잘 짓고 인품이 훌륭하여 제가 존경하는 벗입니다. 처지가 딱하고 좋은 때를 만나지 못했지만 도량이 보통이 아닙니다. 그는 우리의 우정을 전부터 잘 알고 있습니다. 특히 그대를 부러워하고 높이 평가합니다. 지금 그가 벼슬도 없이 정사正使인 팔촌 형을 따라 가족을 놔두고 한 필 말로 서행西行 길을 떠난다고 편지로 작별을 고하였습니다. 그 행색이 속되지 않으니 그대가 한번 보시면 그 됨됨이가 문장에만 뛰어난 것이 아님을 아실 것입니다.

지난번 형암에게 보내는 편지는 이미 인편에 부쳤으니, 그로부터 별도의 편지가 있을 것입니다. 지방에서 벼슬하여 자잘한 업무에 쫓기고 있습니다만, 멀리서 사행사신 행차이 임박했다는 말을 듣고 급히 사환을 보내어 편지를 부치느라 자세히 말할 겨를이 없습니다. 이해하여 주시기 바랍니다. 이만 줄입니다.

『담헌서』, 「여손용주서與孫蓉洲書」

조선은 병자호란을 치른 뒤 명을 존숭하고 청을 배척하는 존명배청尊明排淸 사상이 강하게 자리하고 있었다. 그런데 홍대용은 청에서 한족 출신이지만 스스로를 중화인中華人으로 여긴 엄성 등과의 만남을 통해 반청 의식을 버렸다. 홍대용도 청으로부터 좋은 점을 배우자는 생각을 갖게 되었고, 이는 북학파와 뜻을 같이하는 계기가 되었다.

이 척독은 「손용주에게 주는 편지」의 마지막 부분이다. 홍대용은 청에서 엄성 등 세 사람과 교유하며 관계의 폭을 넓혀 갔다. 친구의 친구는 또 다른 친구가 되듯이 세 사람을 중심으로 관계를 넓히게 되었는데, 손유의 역시 그렇게 맺어진 사이였다.

"천하는 한집안이요, 사해는 다 형제"라는 구절에는 중국과 조선이 한가족이고 한형제라는 평등 의식이 깔려 있다. 이런 사상은 『논어』 「안연顔淵」 편에 나오는 "군자가 공경을 잃지 않고 남과의 관계에서 공손하여 예의가 있다면 세상 사람들이 다 형제가 될 것이다. 군자가 어찌 형제가 없다고 근심하겠소."라는 말에서 찾아볼 수 있다.

홍대용의 청나라 연행은 그에게 있어 여러모로 전환점이 되었던 것으로 보인다. 자신이 살던 곳보다 넓은 곳에서 세상을 바라보다 보니 안목도 그만큼 넓어지고 깊어졌으리라. 그는 청에서 보고 들은 새로운 세계에 대해 관심을 가지고 학습하고 연구했다. 성리학에만 국한하지 않고 실질적인 쓰임에 몰두했던 실학에 관심을 갖는 등 학문 세계의 범위도 넓혔다.

그는 저서 『의산문답』을 통해 "지구는 회전하면서 하루에 한 바퀴 돈다. 땅 둘레는 9만 리이고 하루는 12시간이다. 이 9만 리의 거리를 12시간에 달리기 때문에 벼락보다 빠르고 포환보다 신속하다."는 지구의 자전설을 주장했다. 또 "우주의 뭇별들은 각각 하나의 세계를 가지고 있고 끝없는 세계가 허공에 흩어져 있으니 오직 지구만이 중심에 있다는 것은 있을 수 없다."는 무한우주론을 설파했다. 그리고 과거 제도의 폐지, 공거제貢擧制 같은 추천에 의한 인재 등용, 신분 차별 철폐 등 혁신적인 개혁론을 주장했다. 수학에도 관심을 가져 『주해수용籌解需用』이라는 수학책을 썼다. 과학적인 면에서는 여느 실학자보다 한발 앞서 나갔다고 볼 수 있다.

특히 『의산문답』을 통해 혁신적인 사상을 설파했는데, 북경에서 체류하는 두 달 동안 알게 된 서양 과학과 도교의 자연관이 그 중심을 이룬다. "하늘에서 보면 어찌 내외의 구분이 있겠는가. 저마다 자기 사람을 사랑하고, 자기 임금을 높이고, 자기 나라를 지키고, 자기 풍속에 만족하는 것은 화華나 이夷나 마찬가지이다."라고 하였다. 그리고 만약 공자가 중국 밖에서 살았다면 그곳을 중심으로 『춘추春秋』를 썼을 것이라면서 화이의 구분은 무의미하다고 단정했다.

즉 세계의 중심이라는 중국의 화와 오랑캐를 의미하는 이의 구분은 단지 지역상의 문제일 뿐이므로 화와 이를 차별해서는 안 된다고 여겼다. 그러므로 조선의 입장에서 명나라를 우러러보거나 청에 대해 악감정을 가질 필요가 없다고 지적했다. 그래서 천하는 한집안이요, 사해는 다 형제라고 당당하게 쓸 수 있었던 것이다.

홍대용은 자신의 친구 연암 박지원이 청으로 사행을 떠나니 잘 부탁한다는 의도로 이 편지를 보낸 것 같다. 사실 그는 연암보다 여섯 살 위였지만 친구로 막역하게 지냈다. 그는 또 연암이 가깝게 지냈던 영재泠齋 유득공柳得恭, 1748~1807, 이덕무, 박제가 등과도 친하게 지냈다. 이 역시 친구의 친구와 친구가 된 경우다. 그가 중국의 친구들을 통해 인간관계의 폭을 넓혔던 것과 마찬가지다. 또한 박지원뿐만 아니라 이덕무, 박제가 등이 뒷날 북경에 가서 반정균과 막역한 교분을 맺게 된 것도 같은 맥락으로 볼 수 있다.

홍대용이 죽은 후 박지원이 지은 「홍덕보묘지명洪德保墓誌銘」에 대략 이런 내용이 들어 있다. 홍대용은 넓은 땅에서 제대로 된 선비를 만나고 싶은 소망이 있던 차에 북경 유리창에서 엄성, 반정균, 육비 등 청나라 학자들을 만났다. 이들 또한 평소 제대로 된 지기를 만나지 못하고 있었다. 이들은 서로의 학식에 놀라고 반기며 국경을 초월한 우정을 나누었다. '한번 이별하면 그만입니다. 저승에서 다시 만나도 부끄러움이 없게 살기를 맹세합시다.'라고 했는데 이것은 영 이별이 되고 말았다. 이 말을 두고 보더라도 그의 인생에서 청나라 친구들과의 만남이 어떤 의미를 지녔는지 알 수 있다.

반정균도 「담헌기湛軒記」에서 "홍군은 널리 들어 많이 알고 잘 기억하였고, 보지 않은 책이 없었다. 율력律曆, 전법戰法, 성리학性理學의 종지宗旨를 연구하지 않은 것이 없었고, 시문으로부터 산수算數에 이르기까지 못하는 것이 없었다."라고 평했다.

살아가면서 마음을 나눌 수 있는 친구를 만나기란 쉽지 않다. 그리고 친구의 친구와 친구가 되는 일도 쉽지 않다. 자신만을 위하는 이기적인 마음을 가질 때는 더욱 그렇다. 하지만 마음을 열어 놓고 보면 사해가 다 친구가 될 수 있다. 마음을 담은 종이 한 장으로 사해가 다 친구가 되는 일을 시작할 수 있지 않을까.

어린아이에게 천자문을 가르치다가

박지원이 유한준에게

마을 어린아이에게 천자문을 가르치다가, 읽기를 싫어해서는 안 된다고 나무랐습니다. 아이가 그러더군요. "하늘을 보니 푸르고 푸른데 하늘 '천天'이란 글자는 왜 푸르지 않습니까? 그래서 읽기 싫습니다." 이 아이의 총명이 창힐蒼頡의 기를 죽입니다그려.

『연암집』, 「답창애」 3

이 척독은 박지원이 유한준에게 보낸 것이다. 유한준은 당대에 뛰어난 문장가로 손꼽혔으며, 그의 집안은 박지원의 집안과 혼인 관계에 있었다.

두 사람은 젊은 시절에 친하게 지냈으나 서로 문학에 대한 관점이 달랐다. 유한준은 박지원의 옛것을 본받아 새로운 것을 창조한다는 법고창신法古創新의 문학론과 달리 법고에 치우친 문학론을 지니고 있었고, 후에는 박지원의 『열하일기』를 비방하고 나서기도 했다. 유한준은 우암尤庵 송시열宋時烈, 1607~1689을 추모해 『송자대전宋子大全』을 손에서 놓지 않았을 만큼 주자학에 경도되어 있어 북학파의 영수 박지원과는 어떤 식으로든 대립할 수밖에 없었다. 그는 또 박지원이 자신의 문장을 인정해 주지 않고 비판한 것에 원한을 품고, 박지원 선친의 묘소를 두고 지리한 다툼을 벌이기도 했다. 그래도 박지원은 유한준에게 아홉 통의 척독을 보냈는데, 어떤 면에서는 애증의 관계가 아니었을까 싶다.

마을의 어린아이를 바라보는 박지원의 시선에서 형식에 구애받지 않으려는 그의 면모가 느껴진다. 천자문은 어린아이들이 글을 배우는 가장 기본적인 책인데, 예나 지금이나 가르치는 입장에서는 무작정 외우기를 바라는 것 같다. 글자를 익히려면 먼저 외워야 한다는 단순한 생각 때문이리라. 그런데 아이는 하늘은 푸른데 하늘을 가리키는 하늘 천 자는 왜 푸르지 않느냐고 반문한다.

이에 대한 박지원의 반응이 주목할 만하다. 아이의 총명이 중국 전설에서 한자를 만들었다는 창힐을 기죽이게 한다는 것. 배움이란 맹목적으로 흡수하는 것이 아니라 호기심과 의문을 가지고 생각해 보는 태도를 지녀야 하는 것임을 말하고 싶었던 건 아닐까. 이것이 학문하는 이의 기본자세임을 밝혀 편협한 유한준을 은근히 비판하고 있는 것인지도 모르겠다.

박지원은 유한준에게 이 척독보다 더 날카로운 척독을 보내기도 했다.

보내 주신 글을 양치질하고 손을 씻고서 무릎을 꿇고 정중히 읽고 나서 답을 합니다. 그대의 문장이 몹시 기이하다고는 하겠으나, 사물의 명칭이 빌려 온 것이 많고 인용한 출처와 근거가 적절치 못합니다. 이 점이 옥의 티라 하겠기에 노형을 위하여 한 말씀 드립니다.

문장을 짓는 데에는 법도가 있지요. 이는 소송하는 자가 증거를 지니고 있고 장사치가 물건을 들고 사라고 외치는 것과 같습니다. 아무리 글의 이치가 분명하고 올바르다 하더라도, 다른 증거가 없다면 어찌 이길 수가 있겠습니까. 그러므로 문장을 짓는 사람은 경전을 이것저것 인용하여 자기의 의사를 분명하게 밝히는 것입니다. 『대학大學』은 공자의 사상과 증자의 생각을 기술하였으니, 이보다 더 미더울 게 있겠습니까. 그런데도 『서경書經』의 「강고康誥」에서 '극명덕克明德'을 인용하고 또 「제전帝典: 요전堯典」에서 '극명준덕克明峻德'을 인용하여 명명덕明明德의 뜻을 밝히고 있습니다.

관호官號나 지명은 남의 것을 빌려 써서는 아니 되는 것입니다. 장작을 지고 다니면서 소금을 사라고 외친다면 하루 종일 길에 다녀도 장작 한 다발 팔지 못하는 것이 당연하지요. 마찬가지로 황제가 살고 있는 곳이나 제왕의 도읍지를 다 '장안'이라 칭하고 역대의 삼공三公을 다 '승상'이라 부른다면, 명칭과 실상이 혼동되면서 도리어 속되고 비루한 표현이 되고 맙니다. 이는 곧 좌중을 놀라게 한 가짜 진공陳公의 모습이고 찌푸린 얼굴을 흉내 낸 가짜 서시西施의 꼴과 같지요. 그러므로 문장을 짓는 사람은 아무리 명칭이 상스러워도 이를 꺼리지 아니하고, 아무리 실상이 저속해도 이를 은폐하지 말아야 합니다. 『맹자孟子』에 "성은 다 같이 쓰는 것이지만 이름은 독자적인 것이다."라고 했듯이, 또한 "문자는 다 같이 쓰는 것이지만 문장은 독자적인 것이

다."라 할 것입니다.

『연암집』, 「답창애」 1

이 편지는 앞의 척독보다 훨씬 더 직접적으로 비판하고 있다. 유한준이 자신의 글을 박지원에게 보인 모양이다. 글쓰기의 법도에 대한 자신의 생각을 피력함과 동시에 유한준의 글이 독자적인 면이 부족하다고 가차 없이 비평한다. 사실 비평을 할 때는 상대방이 느낄 감정을 고려하기보다 상대방의 실력 향상을 위해 정확하게 지적해야 한다. 그리고 받아들이는 사람도 따갑지만 이를 잘 받아들일 줄 알아야 실력이 늘 것이다. 그러나 유한준은 이 편지로 인해 박지원에게 유감을 품기 시작했다고 한다.

글이란 뜻을 그려 내었으면 그만이다. 제목을 앞에 놓고 붓을 쥐고서 갑자기 옛말을 생각하거나, 억지로 경서의 뜻을 찾아내어 일부러 근엄한 척하고 글자마다 조심스럽고 엄숙하게 대하는 사람이 있다. 비유하자면, 화공을 불러서 초상을 그리게 할 적에 용모를 가다듬고 그 앞에 나서는 것과 같다. 시선을 움직이지 않고 옷은 주름살 하나 없이 펴서 평상시의 태도를 잃어버린다면, 아무리 훌륭한 화공이라도 그 참모습을 그려내기 어려울 것이다. 글을 짓는 사람도 어찌 이와 다를 것이 있겠는가.

『연암집』, 「자서自序」

박지원의 글쓰기 철학이 잘 드러난 『연암집』 중 『공작관문고孔雀館

文稿』 서문의 일부다. 그 시대에서는 다소 파격적이기는 하지만 그는 가장 인간다운 글쓰기를 추구했던 것 같다. 그러니 마음과 마음을 나누는 척독 또한 근엄하고 딱딱할 필요는 없다고 여긴 것이리라.

척독은 그 자체로 글쓰기에 있어 새로운 도전이었다. 척독은 소품문의 일종으로 딱딱한 격식에서 벗어나 자유로운 문체로 쓰였다. 그런 점에서 옛 글쓰기 방식을 고수했던 유한준과 옛것으로부터 벗어나 자신만의 독자적인 글쓰기를 하려 했던 박지원은 글쓰기에 대한 견해에 큰 차이가 있을 수밖에 없었다. 그럼에도 박지원은 유한준에 대한 우정을 놓지 않으려 했던 것 같다.

저물녘에 용수산龍首山에 올라 그대를 기다렸습니다. 그대는 오지 않고 강물만 동쪽에서 흘러와 어디론가 흘러갔습니다. 밤이 깊어 달빛 비친 강물에 배를 띄워 돌아와 보니, 정자 아래 고목나무가 하얗게 사람처럼 서 있기에 나는 또 그대가 거기에 먼저 와 있는가 의심했습니다.

『연암집』, 「답창애」 5

만나기로 약속을 한 것인지, 아니면 그들이 자주 찾는 곳이 용수산이었는지 알 수 없으나 박지원이 유한준을 그리워한 것으로 보인다. 오지 않는 벗을 기다리며 고목나무가 벗인 듯 착각할 정도로 기다림이 간절하게 느껴진다. 살아가면서 지향하는 것이나 생각하는 것이 서로 달라져도 친구에 대한 마음은 달라질 것이 없다고 여기는 것 같다. 친구와 말다툼을 할 수도 있고 오해를 빚을 수도 있지만 그것을 풀어야 할 자리도 필요한 법이다. 박지원은 용수산에서 옛 벗과 허심탄회하게 지나간 일을 풀어 내며 정담을 나누고 싶었던 것은 아닐까.

가난은 선비의 분수이고

강지덕이 남편에게

저는 일개 부인으로서 몸은 집 안에 갇혀 있고, 배운 것도 아는 것도 없습니다. 그래도 바느질하고 청소하는 여가에 옛 경서와 고전들을 읽으면서 그 이치를 궁리하고 옛사람들의 행실을 본받아 선현들의 경지에 이르리라 마음먹고 있습니다. 하물며 당신은 대장부로서 뜻을 세워 학문을 하면서 스승을 모시고 좋은 벗들과 사귀고 있지 않습니까. 부지런히 노력하여 앞으로 나아가면 무엇을 배운들 능하지 못하겠으며, 무엇을 강론한들 이해하지 못하겠으며, 무엇을 실천한들 이루지 못하겠습니까. 인의를 실천하여 온당하고 바른 마음을 세워서 성현이 된다면, 누가 그것을 제지하겠습니까. 성현도 대장부이며 당신도 대장부입니다. 무엇이 두려워서 못 하겠습니까. 날마다 덕을 새롭게 하여 반드시 성현이 되리라 기약하기 바랍니다.

『정일당유고靜一堂遺稿』, 「척독」

조선 중기 여성들은 존재감이 그리 크지 않았다. 여성들의 사회·문화 활동을 심하게 제약하는 분위기였기 때문이다. 이 시기에 존재감을 드러냈던 여성은 사임당師任堂 신인선申仁善, 1504~1551과 허초희 정도였다. 하지만 18세기에 들어서는 양반 부녀자들의 학문과 문예 활동이 활발해지면서 윤지당允摯堂 임씨任氏, 1721~1793를 비롯하여 강지덕, 영수합令壽閤 서씨徐氏, 1753~1823, 사주당師朱堂 이씨李氏, 1739~1821, 빙허각憑虛閣 이씨李氏, 1759~1824 등 학문적인 소양을 갖춘 여성들이 많이 등장했다. 그중 이 척독의 주인공인 강지덕은 정조-순조 대에 활동했던 성리학을 깊이 있게 탐구한 여성 성리학자이다. 1791년 스무 살 나이에 윤광연尹光演과 결혼했으나 두 집안 모두 형편이 어려워 결혼한 지 3년이 지나서야 시댁에 들어갈 수 있었다. 그러나 시댁 형편은 여전히 어려웠고, 남편 윤광연은 집안 생계를 책임지느라 공부에서 손을 뗀 지 오래였다.

강지덕은 자신이 생계를 책임지면서 남편에게 과거 시험 준비를 권유했다. 앞의 척독이 바로 남편에게 학문을 권하는 것이다. 윤광연은 아내의 지지에 감동하여 밤낮으로 공부했고, 강지덕도 바느질하면서 남편의 글 읽는 소리를 들었다. 그런데 강지덕은 남편의 글 읽는 소리를 통해 자신도 글을 익혔다. 곁에서 익힌 공부가 오히려 남편을 능가할 정도가 되어 남편과 학문을 토론하기도 했다.

그뿐만 아니라 그녀는 남편을 대신하여 서書, 제발題跋, 묘지명, 행장行狀, 제문祭文 등 많은 글을 지었다. 요즘으로 말하자면 대필 작가인 셈이다. 가까운 친지나 지인들에게 문안이나 문상, 회고나 추모, 족보 간행 문제부터 심의深衣, 상례喪禮, 제례祭禮 문답 등에 이르기까지 매우 다양한 방면의 글을 지어 주었다. 실제적으로 사대부들의 공적, 사회적 학문 토론의 장에 참여했던 것이라고 볼 수 있다.

그녀가 쓴 척독은 『정일당유고』에 전해진다. 목록에는 모두 82편이라고 적혀 있는데, 실제로는 초간본에 46편과 중간본에 19편만이 수록되어 있다. 대부분은 남편에게 보낸 편지로, 40여 년간 함께하면서 남편이 선비로서 바른 행동을 하도록 충고한 내용이 주를 이룬다. 강지덕은 남편보다 여섯 살이나 나이가 많았는데, 여러 가지 면에서 스승과도 같은 존재였다.

한 편지에서 강지덕은 밥을 짓지 못한 지 사흘이 된 상황에서도 남편에게 학문과 덕을 하루도 소홀히 하지 말라고 한다. 그러면서 은하자銀河子 이만영李晩英 선생이 와서 겨울을 난다고 하니 그와 『주역周易』을 강론하되 날마다 토론한 내용을 쪽지에 기록해서 보여 달라고 부탁한다. 그녀가 여성이란 점이 학문에 대한 열정을 막을 수는 없었다.

군자는 중도의 덕으로 항상 학문과 행실에 힘써서 스스로 깨달아야 합니다.
사물의 이치를 통찰해 아는 것을 극진히 하는 격물치지의 뜻을 성실히 하고 마음을 바루는 성의정심으로 날마다 새로워지십시오.
당신은 참된 덕을 닦는 데 힘써서 하늘을 우러러 한 점 부끄럼이 없게 하세요.
배고픔은 잠시면 지나갑니다. 바로 공부를 시작하여 아까운 시간을 낭비하지 마세요.
가난은 선비의 분수이고, 검약은 경제생활의 기본이니 검소하게 생활합시다.
내가 성실한 후에 남에게 요구할 수 있으니, 더욱 노력하세요.
자신을 돌이켜 본 뒤에 다른 사람에게서 구해야 할 겁니다.
『정일당유고』, 「척독」

이런 내용의 척독 여러 편을 남편에게 보내 스스로 깨닫고 엄격하게 실천하도록 간청했다. 유학에서 강조하는 심성 수양, 인격 완성과 자아실현을 위한 성실한 노력을 강조한 내용이 대부분이었다. 그녀 스스로도 유학의 경전을 두루 섭렵해 평생토록 천지와 인간의 이치를 살펴 천명과 인격의 근원을 연구하는 데 전력을 다했다.

조금 전 성안에서 돌아오실 때 아무개의 집에 들르셨다는 것 같던데, 사실인지요? 그곳이 사대부 집이라도 지금은 술을 팔고 있습니다. 당신이 손님과 들르신 것은 실로 우연이라 할지라도 다른 사람들이 술을 사 먹으러 갔다고 말하지 않는다고 어찌 보장하겠습니까. 옛사람의 시에 "군자는 미연에 방지하여 의심받을 곳에는 가지 않는다."라고 하였으니, 경계해야 하지 않겠습니까.
조금 전 당신이 누군가를 꾸짖으며 지나치게 성을 내셨다고 들은 것 같습니다. 이는 중도가 아닙니다. 설사 그 방법으로 그 사람의 잘못을 바로잡는다 하더라도, 자신이 이미 바르지 않은데 어찌 옳다고 하겠습니까. 더 깊이 생각하시기 바랍니다.
『주역』에 "음식을 절제하라."라고 하였습니다. 술은 그중에서 대표적인 것입니다. 음주를 절제하여 덕을 길러 나가시기 바랍니다. 조금 전에는 무슨 일로 아무개를 심하게 나무라셨는지요? 혹 지나친 책망은 아니었는지요? 목소리나 표정, 말은 군자가 더더욱 수련을 쌓아야 할 부분입니다. 『시경』에 "온순하고 공손한 사람이여, 오직 덕의 기반이어라."라고 하였습니다. 당신은 남을 꾸짖을 때에 온화함이 부족하기에 감히 말씀드립니다.

익재益齋, 황윤종黃潤鍾의 호가 어려서부터 술집에 발을 들여놓지 않은 것을 두고 당신이 늘 사대부다운 행실이라고 칭찬하셨습니다. 그런데 정작 당신은 아무개 집에 자주 가시니 이는 어찌 된 일입니까? 말과 행동이 일치해야 한다는 가르침에 어긋나는 듯하니, 고치도록 더욱 힘쓰시기 바랍니다.

낮잠을 자면 기운이 어둡고 의지가 약해집니다. 말이 많으면 원망이 생기고 비방이 일어납니다. 술을 많이 마시면 성품을 해치고 덕을 손상시킵니다. 담배를 많이 피우면 정신을 손상시키고 오만한 마음을 키웁니다. 모두 경계해야 할 것입니다.

군자는 예가 아닌 것은 말하지 않으며, 합리적으로 설명이 불가능한 괴력난신怪力亂神에 대해서는 공자께서도 말씀하지 않았습니다. 요새 문하의 젊은이들이 이익과 괴이한 것에 대해 말하면서 허송세월하고 있다 합니다. 어찌 저들을 엄히 꾸짖어서 용모를 바르게 하고 글을 읽도록 하지 않으십니까?

『정일당유고』, 「척독」

어찌 보면 아내의 잔소리처럼 보이지만 진정한 사랑과 존경이 담긴 글이다. 글에서 웬만한 남자에 못지않은 강지덕의 대장부적 기질이 엿보인다. 그녀가 세상을 떠나기 하루 전 남편이 눈물을 보이자 "죽고 사는 것은 천명에 달린 것인데, 어찌 슬퍼하십니까."라며 오히려 남편을 다독였다고 한다.

> 부인은 내가 한 가지라도 잘하는 것이 있으면 기뻐할 뿐만 아니라 격려하였고, 허물을 보면 걱정할 뿐만 아니라 충고하였다. 내가 우둔하여 모두 실천하지 못했지만, 부인의 좋은 말을 죽을 때까지 가슴에 새겼다.
>
> 『정일당유고』, 「제망실유인강씨문祭亡室孺人姜氏文」

윤광연은 먼저 간 아내의 유고를 모아 『정일당유고』를 편찬하면서, 아내를 기리는 글에 그녀가 자신에게 어떤 존재였는지 밝혔다. 너무 가난해 5남 4녀를 모두 태어나 1년이 되기 전에 잃었지만, 학문을 통해 서로 의지하며 부부의 의를 길렀다. 윤광연은 강지덕의 충고를 받아들여 과거 시험을 단념하고 재야의 학자로서 학생들을 가르치고 부인과 학문을 토론하며 생을 보냈다.

편지는 멀리 떨어져 있는 이에게만 보내는 것이 아니다. 강지덕은 함께 사는 남편에게 자신이 하고 싶은 말을 그때그때 편지로 전달했다. 직접 말로 해도 될 텐데 왜 굳이 편지를 썼을까? 말은 감정이 그대로 드러나 때론 상대의 감정을 상하게 할 수 있다. 편지는 쓰는 동안에도 그렇고 펴서 읽는 동안에도 사색의 시간을 갖게 해 상대방의 마음을 한층 잘 이해할 수 있게 해준다. 가까운 사람, 곁에 있는 가족에게 편지를 쓸 때라면 더욱 그렇다.

나도 책이 없고 그대도 책이 없지만

이덕무가 윤가기에게

저녁 수풀 속 낡은 집에서 친구와 손에 손을 잡고 『파라관청언婆羅館淸言』을 다 암송하였네. 돌아와 등잔 밑에 누워 정히 정신을 기르고자 시간을 거슬러 그 여운을 음미하니 마냥 즐거웠지. 문득 서루書樓, 공부방의 촛불 아래에서 「이소경離騷經」을 우렁차게 읽을 때 북두성이 반짝이고 주인과 손님의 안색이 슬프게 변했던 것이 생각나네. 한 책은 즐겁고 한 책은 슬픈 것이 어찌 그리도 다른지. 내가 이것은 즐기고 저것은 슬퍼해서가 아니라네. 글이 참신하면 생동감이 넘치고 생동감이 넘치면 내면을 이해할 수 있으니 누가 막을 수 있겠는가.

우리 여종이 아무리 가냘퍼도 책 두 질은 멜 수 있으니, 매화감梅花龕 위에 있는 『한위총서漢魏叢書』를 꺼내 주게. 굶주린 사람을 보면 주머니를 털어서 구제하고, 글을 읽으려는 선비를 보면 소장품을 뒤져 빌려주는 것이 사대부의 일이지. 나도 가난하고 그대도 가난하니 재물로써 구제하기는 참으로 쉽지 않네. 나도 책이 없고 그대도 책이 없지만 남에게 빌려서 다시 나에게 보여 주시는군. 아! 벗과 공유하지 않고 자신의 식견만 넓히는 일을 그대는 차마 하지 못하는구먼. 이것이 바로 천하의 큰 보시라네.

『청장관전서靑莊館全書』, 「윤증약尹曾若」

이덕무는 스스로를 아무것도 할 줄 모르고 책만 읽는 바보, '간서치看書癡'라고 했다. 불우한 자신의 처지에서 스스로를 위로해 줄 수 있는 것은 오로지 책 읽는 즐거움뿐이었는지도 모른다. 그는 서얼 출신인 데다 집안 살림이 넉넉지 못해 오직 책 읽는 일을 천명으로 여겼다. 가난해 책을 살 형편이 되지 않았지만, 추위와 굶주림 속에서도 수만 권의 책을 읽고 수백 권의 책을 베꼈다. 그는 풍열로 눈병이 난 상황에서도 실눈을 뜨고 책을 읽었을 정도로 책벌레였다.

그가 얼마나 많은 책을 읽었는지는 그의 저서 『청장관전서』가 말해준다. 이 책은 조선 후기 백과전서라 할 수 있을 만큼 역사적 사실에 대한 고증부터 지리, 아동 교육, 초목과 곤충, 물고기에 이르기까지 방대한 내용이 실려 있다. 이 저서를 통해 그의 지적 편력이 실로 방대하고 다양함이 드러났고, 이로써 고증과 박학의 대가로 인정받았다.

학문적 재능은 뛰어났지만 신분적 한계로 천거를 받지 못하다가 1779년 그의 나이 서른아홉에 정조에 의해 초대 규장각 검서관으로 기용되면서 벼슬길이 열렸다. 비로소 신분 차별과 가난으로부터 벗어날 수 있었다.

이 척독은 친구 증약曾若 윤가기尹可基, 1747~1801에게 보낸 것이다. 그가 윤가기에게 보낸 척독은 18편에 이르는데, 그만큼 절친한 사이였던 것으로 보인다. 윤가기는 박제가와 사돈지간으로 알려져 있다.

윤가기는 순조 즉위 당시 정순왕후의 수렴청정이 빚은 신유박해 때 시파의 영수인 석재碩齋 윤행임尹行恁, 1762~1801을 추종하는 자들이 그의 유배에 항의해 꾸민 '동남성문 흉서 사건'의 주모자로 연루되어 사형을 당했다. 박제가 역시 이 사건으로 청나라에 네 번째 연행을 갔다 돌아온 후 유배되었다.

윤가기도 서얼로 알려졌는데, 신분적으로 비슷한 처지가 그들을 가깝게 만들어 주었던 것으로 보인다. 궁핍한 형편도 그들을 결속시켜 주었다. 그들은 책을 맘 편히 살 수 있는 게 아니어서 각자에게 있는 책을 서로 빌려주고 받으며 읽었다.

척독의 내용에도 책 읽은 이야기와 책 빌려 달라는 부탁이 담겨 있다. 친구와 함께 『파라관청언』을 읽고 그 여운을 음미했다고 적고 있다. 『파라관청언』은 적수赤水 도륭屠隆, 1542~1605의 저술로, 명나라 말기에 유행하던 청언 소품의 대표적 작품이다. "번뇌에 찌든 세상에서는 마음을 따뜻하게 해야 하고, 욕망에 찬 세속에서는 마음을 차갑게 해야 한다.", "풍류를 즐기는 만족스런 삶도 한번 지나가면 쓸쓸함을 남기는데, 맑고 고즈넉이 사는 삶은 시간이 지날수록 재미가 더해진다네." 등의 문장은 요즘 말로 아포리즘이라 할 수 있다.

그리고 여종이 아무리 가냘퍼도 책 두 질은 감당할 수 있으니 책을 빌려 달라고 한다. 배고픈 사람을 구제하듯이 책을 빌려줘 자신에게 보시하라는 말은 책을 안 빌려주고는 못 배기게 한다. 그만큼 책을 좋아했던 이덕무다. 그는 윤가기만이 아니라 다른 이들에게도 책을 빌려 달라는 편지를 자주 보냈다. 책과 공부에 미친 그였기에 제대로 된 교육을 받지 못했어도 학문과 시문으로 젊을 때부터 이름을 떨쳤던 것이다.

“지금 그의 시문을 후세에 길이 전하려 하니 훗날 이덕무를 알고자 하는 사람은 여기에서 찾을 것이다. (중략) 그가 죽은 후 혹시라도 그런 사람을 만나볼까 했으나 만날 수가 없구나!”

그의 사후 정조의 명으로 지은 행장에서 연암 박지원은 아쉬움을 토로했고, 그의 묘비명을 지었던 절친 낙서洛瑞 이서구李書九, 1754~1825 역시 “겉모습은 엄격하고 오만한 것 같으나 마음은 고상하고 순결하여 돈이나 권력에 흔들리지 않는 인물”이라 평했다.

그는 정조가 아끼는 몇 안 되는 신하이기도 했다. 정조는 그의 책 읽는 소리를 좋아해서 책 읽기를 권했고, 책 교정만 하지 말고 자신의 저작을 남기라고 권하기도 했다 한다. 그가 관직에 있는 동안에는 수많은 하사품을 내렸고, 죽은 뒤에는 5백 냥을 하사하여 문집을 간행하게 했다. 그는 그저 책만 읽는 바보가 아니었다. 그가 읽은 책은 삶이 되었고, 그 삶은 다시 책이 되었다.

이 봄도 다 가고 있습니다

이덕무가 백동수에게

이 봄도 다 가고 있습니다. 그동안 도성에 머물고 있었습니까? 저는 산수가 겹겹이 쌓인 천 리 밖에서 부모님을 그리워하고 있습니다. 지금 우리 영숙永叔도 같은 심정이겠지만 그대는 친척들 틈에서 한가하게 지내느라 객지의 고생을 모를 때도 있을 겁니다. 저는 날마다 예의라곤 없는 속인들을 대하며 하는 일이라고는 빚이나 독촉하고 소송 사건을 판결하는 것뿐입니다. 노여운 척하는 윗사람도 본심이 아니고 자백하고 복종하는 척하는 아랫사람도 진정이 없으니, 끝에 가서 윗사람이나 아랫사람 모두 얻은 것이 없게 됩니다. 승丞이여, 승이여! 하며 잘해 보려 하지만 저도 어쩔 수 없습니다. 그래도 잠시 한가한 시간을 내서 대숲에 이는 바람 소리를 듣고 흩날리는 배꽃을 맞습니다. 외로이 홀로 즐기니 그 누가 이런 줄 알겠습니까.

『청장관전서』, 「백영숙白永叔」

이 척독은 이덕무가 찰방察訪의 직무를 수행하면서 영숙永叔 백동수白東脩, 1743~1816에게 안부를 물은 것이다. 같은 서얼 출신인 백동수

는 이덕무의 처남이 되면서 이덕무의 친구들인 박지원, 박제가, 유득공 등과 어울렸는데, 박지원과는 더욱 각별했다. 박지원이 정조 등극 이후 덕로德老 홍국영洪國榮, 1748~1781과의 불화로 황해도 연암골에 들어갈 때 백동수는 연암골을 소개하고 함께 집도 지어 주었다.

백동수는 어린 시절 남산 자락에서 살았는데, 신분을 숨기고 그 동네로 이사 왔던 검선劍仙 김광택金光澤에게 무예를 배워 창검의 달인이 되어 당대 최고의 무사로 평가받았다. 백동수는 세상에 알려지기 전에 강원도 인제현 기린협麒麟峽, 현 인제군 기린면에 은거한 적이 있었다. 그곳에서 농사를 지으며 무예를 익혔다고 한다. 그는 탁월한 무예 실력을 정조에게 인정받아 국왕의 친위군영 장용영의 초관으로 발탁되었다. 백동수는 '무武로써 문文을 이루었다'는 평가를 받을 정도로 학문에도 조예가 깊은 무인이었다. 이런 백동수가 있었기에 이덕무와 박제가는 그와 함께 큰일을 할 수 있었다.

백동수의 기린협 시절 생활을 알려 주는 시가 있다.

태평성대에 젊은 사내가 기꺼이 농사하러
가족을 다 거느리고 기린협으로 이주한다.
들으니 지난겨울 잔설이 남아
매를 데리고 동쪽으로 가 지평砥平을 지났다 하네.

『정유각집貞蕤閣集』, 「희방왕어양세모회인戱倣王漁洋歲暮懷人」

박제가의 『정유각집』, 「희방왕어양세모회인」에 실린 60수의 시 중

서른일곱 번째 「백선달白先達」이라는 시다. 여러 자료에서 보면 백동수는 인간미가 넘치는 인물이었음을 확인할 수 있다. 불의를 참지 못하는 성격으로 피해를 입기도 했고, 말년에는 자신보다 어려운 이들에게 가진 것을 나눠 주고 스스로는 빈곤하게 살았다.

> 야뇌野餒는 누구의 호인가? 나의 벗 백영숙의 자호自號이다. 내가 볼 때 영숙은 자질이 남다른데 무엇 때문에 자신을 비하하는가? 나는 이 까닭을 알고 있다.
>
> 대저 사람이 세속에 물들지 않고 초연한 선비를 보면 반드시 조롱하기를, "저 사람은 용모가 꾸밈없이 예스럽고 의복이 유행을 따르지 아니하니 야인野人이로구나. 언어가 진실되고 행동거지가 시류를 따르지 아니하니 뇌인餒人이로구나." 한다. 마침내 그와 함께하지 않으니 온 세상이 모두 이러하다. 이른바 '야뇌'라고 하는 자가 홀로 고생고생하며 절개를 지키다 세상이 자기를 지지하지 않는 것을 한탄하고 후회해서 순박함을 버리거나 부끄러워서 진실됨을 잊고 점차 경박하게 변한다면 이것이 어찌 진정한 야뇌이겠는가. 참으로 야뇌한 사람을 또한 접할 수 없다.
>
> 영숙은 꾸밈없이 신실한 사람이다. 자신의 소박함으로 세상의 화려함을 좇지 아니하고, 솔직함으로 세상의 속임수를 따르지 아니하여 굳세게 홀로 서서 마치 딴 세상에서 노니는 사람과 같다. 세상 사람이 집단으로 비방하고 욕해도 야野한 것을 후회하지 아니하고 뇌餒한 것을 부끄러워하지 아니하니 이야말로 진정한 야뇌가 아니겠는가.
>
> 이러한 것을 누가 알 것인가. 나만이 알고 있다. 그렇다면 야뇌라고 하

는 것은 세상 사람들은 하찮게 여기는 것이지만 나는 그대에게 바라는 바이다. 앞서 내가 '자신을 비하한다.'라고 한 것은 흥분하여 한 말이다. 영숙은 내가 자기 마음을 알아준다고 생각하여 설명을 요청하므로 기문을 써서 보낸다. 이 글을 아첨하고 알랑거리는 자에게 보이면 분명 비웃고 욕하면서, "이 글을 지은 자야말로 특히 야뇌한 사람이로구나." 하겠지만 내 어찌 성내랴.

신사년1761, 영조 37 정월 경신일에 한서유인寒棲幽人 쓰다.

『청장관전서』, 「야뇌당기野餒堂記」

이덕무가 열아홉 살 백동수를 두고 지은 「야뇌당기」라는 글이다. 이덕무가 청성青城 성대중成大中, 1732~1809에게 보내는 편지에도 "영숙 앞으로 편지를 보내서 불렀습니다만 사람이 고집불통에다 가세마저 기울어 단속하기 쉽지 않아 유감입니다."라는 내용이 들어 있을 정도로 백동수는 주변 사람들에게 관심의 대상이었던 것 같다.

제4부

삶

궁핍한 시절을 위로하다

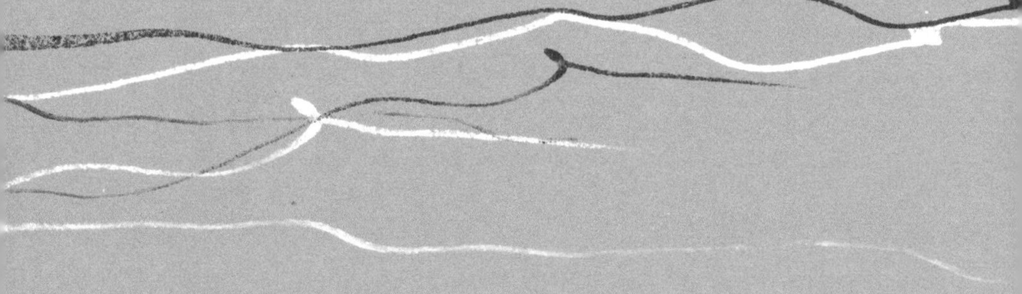

줄곧 날씨가 좋지 않습니다

신정하가 김제겸에게

해가 바뀐 뒤로 줄곧 날씨가 좋지 않습니다. 지내기가 평소보다는 나으시다고 여기니 위안이 되고 그립습니다. 저는 망령된 속인에 불과한데 감히 형과 함께 꿈에서나 그리던 천마산을 여행하며 세상에 보기 드문 절경을 즐기다니! 다행스럽고도 다행스럽습니다.

이별한 후로 군산이 벌써 고인이 되었습니다. 슬픈 마음으로 되돌아보자니 여행했던 지난날이 묵은 자취가 되어 흔적도 없이 사라지고 말았습니다. 형께서도 이 일을 떠올리면 몹시 괴로워 견디기 어려우실 겁니다. 차마 말로 다할 수 있겠습니까.

운관芸館에서 운서韻書를 인출印出한다는 이야기를 듣고 군산이 일찍이 사찰에서 저와 마주 앉을 때 한 부를 얻었으면 한다고 부탁했었습니다. 인쇄가 끝나서 약속을 실행하고자 하나 이제 드리려야 드릴 곳이 없습니다.

생각해 보니 그때 형께서 그 자리에 계셔서 우리의 대화를 들었더군요. 게다가 형은 사촌 형제들 가운데 군산과 가장 친하게 지냈다고 알고 있습니다. 그래서 오늘 감히 이 책을 형께 보냅니다. 형께서 물리

치지 않고 받아 주신다면, 이는 군산에게 준 것이나 다를 바 없습니다. 하찮은 일이지만 정말이지 약속을 어기고 싶지 않아서 그럽니다. 깊이 헤아려 주시기를 바랍니다.

앓던 눈병이 다시 도져 글씨를 쓰기가 겁이 납니다. 남의 손을 빌려서 편지를 쓰느라 사적인 말씀은 드리지 않겠습니다. 너그러이 용서하시기 바랍니다.

신사년1701 2월 11일, 아우 정하가 올립니다.

『미호집渼湖集』, 「제구장삼운통고 부신서암수첩후題舊藏三韻通考 附申恕庵手帖後」

이 척독은 신정하가 죽취竹醉 김제겸金濟謙, 1680~1722에게 보낸 편지다. 이 척독에는 많은 사연이 담겨 있다. 신정하는 벗인 군산君山 김숭겸金崇謙, 1682~1700, 김제겸 등과 1700년에 개성의 천마산을 열흘 동안 여행했다. 여행 중에 김숭겸은 교서관校書館에서 『삼운통고三韻通考』를 인쇄해 발행할 것이라는 말을 듣고 자기에게도 한 부 구해 줄 것을 부탁했다. 신정하는 그러겠노라고 약속했지만 그 약속은 지킬 수 없었다. 여행을 다녀온 후에 한 달도 못 되어 김숭겸이 세상을 떠났고, 그 이듬해에 책이 간행되었기 때문이다. 비록 친구는 이 세상에 없지만 신정하는 친구와의 약속을 지키기 위해 대신 그의 사촌인 김제겸에게 책을 보내면서 책을 보내게 된 사연을 적어 동봉했다. 김제겸은 그들과 가깝게 지내 함께 여행하며 그들의 대화를 들었던 사람이다.

나중에 김숭겸의 양자이자 김제겸의 친아들인 미호渼湖 김원행金元行, 1702~1772이 편지를 발견해 그 사연을 『미호집』에 실었다.

김원행은 편지 원문 뒤에 "이 편지 한 통을 보면 선배들의 우정이 진실하고 두터워 죽은 뒤에까지도 변하지 않음을 알 수 있다. 또 평소 우리 선친과 큰아버지의 돈독한 우애가 친구들에게 이 정도로 신뢰를 받은 것이기에 이 모두를 사라져 버리게 해서는 안 된다."라고 적었다. 김원행은 처음에 이 사실을 모르고 그 책을 아우에게 주었다가, 나중에 다시 생각해 보고는 "우리 형제와 자손들이 대대로 서로 전해 가면서 보는 것도 좋을 것이다. 아우는 이 책을 잘 보관하기 바란다." 라고 당부의 말을 덧붙였다.

신정하의 벗이자 김원행의 양부였던 김숭겸은 신정하의 스승인 김창협의 아들이다. 신정하는 김창협과도 여러 차례 척독을 주고받았다.

작년에 나를 찾아와 하룻밤을 같이 보내며 정담을 나누어 준 그 고마운 뜻을 잊을 수가 없네. 그런데 지금 또 장문의 편지로 안부를 물어와 주는군. 간절하고 관대한 내용에 감격스럽고 다행스러운 마음을 어찌 표현하겠는가. 다만 지나친 칭송을 감당할 수 없으니, 이 점이 매우 부끄럽고 두렵네. (하략)

『농암집』, 「답신정하答申靖夏」 임오년

김창협이 신정하에게 1702년에 보낸 답장이다. 신정하는 벗을 떠나보내고 벗과의 약속을 지키고 나서 벗의 아버지인 김창협을 찾은 모양이다. 아마도 그 무렵에 신정하가 김창협의 문인이 된 듯하다. "백온伯溫, 이위李暐의 자이 그대가 성품이 맑고 꼿꼿하며 문장을 좋아한다고 칭찬하기에 그대를 오래전부터 만나 보고 싶었네. 지난번에 찾아와 줘서 나의 바람이 이루어졌다네. 비록 병으로 정신이 혼미하여 마음껏 이야기를 나누지는 못하였지만 처음 만나는 순간 서로의 마음을 알 수 있었네. 이번 편지를 보고 그대의 마음이 우연이 아니었음을 확신하였네."라는 답장의 내용에서 짐작할 수 있다.

갑자기 받은 편지라서 위안되는 마음이 평소보다 갑절이나 더하네. 눈병이 심해졌다는 말을 들었는데, 책을 읽는 데 상당히 방해가 될까 매우 염려되네. 그렇다 해도 책을 밀쳐 두고 고요히 앉아 마음을 가다듬고 본성을 기르는 맛을 들이게나. 글 읽는 것보다 효과가 나을 걸세. 그대가 서백西伯에게 보낸 편지를 읽고는 나도 모르게 감격의 눈물이 흘렀네. 원래는 그대가 이런 일에 마음 쓰지 않기를 바랐네. 지금 인재를 아끼고 죽음을 슬퍼하는 간절한 마음으로 흔쾌히 편지를 보냈으니 내가 또 어떻게 막을 수 있겠는가. 백온에게 보낸 편지는 육일옹六一翁, 구양수의 별호이 사로師魯, 윤수尹洙의 자의 묘지명에서 논한 내용과 거의 비슷하네. 지금 이운李澐과 마주 앉아 있는데, 이런 내용을 말해 주자 그도 깊이 감탄하였네. 이만 줄이네.

『농암집』, 「답신정하」 병술년

이 편지 역시 김창협이 1706년 신정하에게 보낸 것이다. 신정하가 김숭겸의 장인에게 편지를 보내 그의 시집을 간행해 줄 것을 청한 일에 고마움을 전하고 있다. 신정하는 자신의 벗인 이위에게도 편지를 보내 먼저 간 김숭겸에 대해 높이 평가를 했던 모양이다. 이를 두고 김창협은 중국 북송의 문장가 구양수가 윤수의 묘비명에 쓴 내용과 비슷하다고 했다. 묘비명에는 윤수가 당대에 문학과 논변이 뛰어나다는 명망은 있었지만 그의 절개가 옛 군자에 손색이 없다는 점은 사람들이 모른다고 논한 내용이 실려 있다.

부모는 먼저 간 자식을 가슴에 묻는다고 한다. 김창협의 입장에서는 먼저 간 아들의 시집을 간행해 주고 싶은 마음이 간절했겠지만, 쉽게 나서기 어려워 망설였을 수도 있다. 그러던 차에 아들의 친구가 나서서 생전에 했던 약속도 지키고, 시집까지 간행하기 위해 노력하는 모습을 보면서 어찌 감격하지 않을 수가 있겠는가.

살아 있는 친구뿐만 아니라 먼저 간 친구와도 우정을 지키는 모습에서 감동을 느끼는 것은 비단 김창협만은 아닐 것이다. 죽음도 가로막지 못하는 것이 진정한 우정의 힘이 아닐까 싶다.

작별한 후로 건강하신지요

홍대용이 반정균에게

삼가 편지 올립니다. 작별한 후로 건강하신지요? 회시會試의 결과는 어떻게 되었습니까? 소식을 들을 길이 없어 걱정하는 마음만 간절할 뿐입니다. 아! '서로 처음 만났으니 이보다 즐거울 수 없네. 생이별을 하다니 이보다 슬플 수 없네.'라고 오래전 굴대부屈大夫가 이미 우리의 속마음을 다 말하여 놓았습니다. 다시 무슨 말을 더하겠습니까. 오직 형이 준 편지에 '깊은 우정과 이별의 괴로움보다 간절한 기대와 지극한 바람이 더 크다.'는 몇 마디 말씀을 마음에 새겨 두고 아침저녁으로 상기하며 나의 좋은 친구를 저버리지 않기를 바랄 뿐입니다.

저는 4월 11일에 압록강을 건넜고 5월 2일에 고향집에 돌아왔습니다. 15일에는 세 분의 간독簡牘, 편지을 모두 4개의 첩으로 꾸며 완성하고 『고항문헌古杭文獻』이라고 제목을 붙였습니다. 6월 15일에는 필담한 것과 처음 만나게 된 경위와 왕복 서찰 등을 아울러 수록하여 3책으로 만들어 『건정동회우록乾淨衕會友錄』이라고 제목을 붙였습니다. 늦더위가 한창이라 매미 소리가 더욱 청아합니다. 매번 평상복 차림에 치건을 쓰고 향산루에 편히 앉아 마음 내키는 대로 이것저것 넘기노라면 즐거워 근심도 잊습니다. 손때를 만지면 그 당사자를 보는 듯합니다. 이것이 아침저녁으로 만나는 것이 아닌가 합니다. 나머지 사연은 동지사冬至使 편에 전하기로 합니다. 우선 낱낱이 말씀드릴 겨를이 없으니 형께서는 이해하여 주기 바랍니다. 이만 줄입니다.

『담헌서』, 「여반추루정균서與潘秋庫庭筠書」

홍대용이 청에서 조선으로 돌아온 후 반정균에게 보낸 편지다. 앞서 언급했듯이 홍대용은 1765년 2월 북경에서 엄성, 반정균, 육비를 만났다. 한 달 동안 일곱 차례 만났을 뿐이지만 서로 국경을 초월한 우정을 나누었다. 그 우정은 말이 통하지 않았기에 필담으로 이루어졌고, 헤어진 후로는 편지를 통해 이어졌다. 중국으로 가는 동지사동지마다 중국으로 보내던 조선의 사신가 북경을 갔다가 오는 데 6개월이 걸렸고, 북경에서 벗들이 있는 항주까지는 또 몇 달이 소요됐으니 한 통의 편지를 주고받으려면 1년은 족히 넘어야 했다. 그런 오랜 기다림이 있었기에 벗들에 대한 마음이 더욱 애틋하지 않았을까 싶다.

그래서 "생이별을 하다니 이보다 슬플 수 없네."라는 중국 초나라의 시인 굴원屈原의 표현을 빌려 그리운 마음을 전했으리라. 짧은 만남에 오간 말들을 잊지 않고 마음에 새겨 둔다는 표현에서도 애틋함이 묻어난다. 그리움과 애틋함이 편지로 오가며 진한 우정으로 쌓여 갔음을 알 수 있다.

작별한 후 어떻게 지내십니까? 시험 결과는 어떻게 되었습니까? 그대의 능력이라면 합격은 식은 죽 먹기일 것입니다. 그러나 이것도 명운에 달린 일입니다. 혹시 시기가 불리하거든 훌훌 고향으로 내려가 퍼져 가는 연꽃 향내와 이슬 젖은 대나무 사이에서 읊조리면서 그따위 시험의 성패쯤이야 털어 버려도 되지 않겠습니까.

『담헌서』, 「여육소음비서與陸篠飮飛書」

세 지음 가운데 육비에게 보낸 편지 중 한 대목이다. 세 사람이 항주에서 과거를 치르기 위해 북경으로 왔던 터라 조선에 돌아온 홍대용은 시험의 결과를 물었다. 그들과 마찬가지로 홍대용은 과거제에 대해 비판 의식을 가지고 있었기에 결과에 연연하지 않기를 바랐다. "퍼져 가는 연꽃 향내와 이슬 젖은 대나무 사이에서" 여유를 가지길 바라는 마음이 또한 위로임을 알 수 있다.

역암力闇 형! 서로 작별한 지 벌써 다섯 달이 되었습니다. 지금껏 있었던 갖가지 슬펐던 일과 기뻤던 일은 마치 한바탕 꿈속의 일 같습니다. 예로부터 인생의 만남과 이별은 끝이 없었습니다. 그러나 만나서 우리처럼 특별하게 보냈다는 말을 들어 보지 못했습니다. 그리고 헤어져 지내면서 우리처럼 힘들게 지냈다는 말도 들어 보지 못했습니다. 이렇다 보니 깊이 맺힌 상실감이 갈수록 더욱 간절해지지 않을 수 있겠습니까. (중략)

과거를 추억하고 현재를 아파하는 모든 기쁘고 슬픈 흔적들이 어느 곳에서나 우리 역암을 생각하게 만듭니다. 만 리나 떨어진 곳에서 소

식이 계속 전해진다는 것은 천고에 없는 일입니다. 소식이 끊이지 않는다면 기적이 아니겠습니까. 한번 끊어지면 다시 이을 수도 없는 상황입니다. 이별한 이후가 이별할 당시보다도 열 배나 더 마음이 쓰라린 것입니다. 어쩌면 좋습니까? 어찌해야 합니까? 이만 줄입니다.

『담헌서』, 「여엄철교성서與嚴鐵橋誠書」

이 척독은 홍대용이 가장 절친한 벗인 엄성에게 보낸 것이다. 이별하는 당시보다 그 이후에 찾아오는 마음의 고통이 더 크다는 말에서 그리움이 절절하게 전해져 온다. 두 사람을 두고 멀리 떨어져 있지만 서로를 알아주는 각별한 친구라는 뜻의 '천애지기天涯知己'라 말하는 것도 과언이 아니다.

엄성은 홍대용과 이별한 지 2년 만에 병에 걸려 객사하고 말았다. 홍대용은 반정균의 편지를 통해 그의 부고를 듣고 다음의 제문을 지어 엄성의 고향인 전당으로 보냈다. 마침 제문이 도착한 날은 엄성이 죽은 지 만 2년이 되는 대상大祥 날이었다.

해동海東 홍대용은 항주의 옛 친구 역암 선생이 불행히도 단명하였다는 소식을 듣고 흐느껴 울며 슬퍼합니다. 오른팔을 잃은 것 같습니다. 저 역시 상중이라 제문을 지을 상황이 안 됩니다. 삼가 향과 초를 마련하고 복어 10개와 폐백 한 끝을 받으시도록 그대의 형님이신 구봉 선생에게 부탁하여 제사상에 차려 놓고 마지막 영결을 고합니다. 아! 애통합니다. 역암이여! 마침내 나를 놔두고 가신단 말입니까. 아! 애석합니다. 역암이 여기서 멈추다니 운명이 아니겠습니까. 아! 비통합니다. 하늘이 내게 주는 고통이 너무도 혹독합니다. 혼령이시여, 이 괴로운 심정을 굽어 살피소서.

『담헌서 湛軒書』, 「제엄철교문祭嚴鐵橋文」

친구의 죽음을 두고 자신의 오른팔을 잃은 것과 같다는 표현으로 제문에 그 슬픔을 담았다. 엄성이 너무나 그리웠던 홍대용은 1769년경 항주로 편지를 보내 엄성의 유고遺稿와 초상화를 보내 달라고 청했다. 이에 엄성의 아들 엄앙嚴昻이 보낸 유고는 돌고 돌아 그로부터 10년이 지난 1778년 이덕무가 북경에 갔다가 돌아오는 길에 가지고 왔다. 유고에는 엄성이 그린 홍대용의 초상화가 실려 있었다. 엄앙은 홍대용을 큰아버지라 불렀고, 홍대용도 엄앙을 편지로 다독여 주었다.

친구는 가고 없어도 그 우정은 다른 이들에게 전파된다. 옛사람들은 그것이 친구에 대한 의리이며 예의라고 여긴 것 같다. 친구의 빈자리를 채워 주는 것으로도 우정은 계속 이어진다. 그것 또한 친구를 먼저 보낸 슬픔을 견디는 법일 터이다.

양주의 학이 어디 있겠습니까

박제가가 박지원에게

열흘 동안의 장맛비에 밥 싸 들고 찾아가는 벗이 못 되어 부끄럽습니다. 엽전 2백 닢은 편지 들고 온 하인 편에 보냅니다. 술병은 빈 병입니다. 세상에 양주의 학이 어디 있겠습니까.

『정유각집』, 「답공작관答孔雀館」

이 척독은 박제가가 박지원에게 보낸 것이다. 글을 읽으면 글 쓴 사람의 성격이나 인품이 느껴질 때가 있다. 개인과 개인이 주고받는 편지글이라면 더 그렇다. 서로에 대해 잘 알고 보내는 편지이니 그럴 수밖에. 가령 박지원이 홍대용에게 보낸 척독을 통해 두 사람의 인품이나 성격에 대해 어렴풋이 느낄 수 있었듯이, 이 척독을 통해서도 박지원과 박제가가 어떤 사람인지 눈앞에 그려진다.

박제가는 박지원의 제자다. 박제가가 10대 후반 무렵 박지원의 명성을 듣고 그의 집에 찾아가면서 그들의 인연이 시작되었다. 박제가는 양반 가문의 서자로 태어나 전통적인 양반 가문의 교육을 받기는 했지만, 신분으로 인해 제약을 받는 입장이었다. 박지원은 서얼에 대한 차별 의식이 없었고, 사람을 받아들이는 데 재주나 인물됨을 우선으로 했다. 그래서 박제가도 그의 문하에서 학문적으로 성장해 나갈 수 있었다.

박지원을 중심으로 모인 백탑시파의 문인과 지식인 들은 열린 사고방식의 소유자들로서 서로의 개성을 존중했다. 1768년 박지원이 백탑 부근으로 이사를 한 이후 홍대용, 석치石癡 정철조鄭喆祚, 1730~1781, 이덕무, 백동수, 이서구, 관헌觀軒 서상수徐常修, 1735~1793, 유금柳琴, 1741~1788, 유득공, 박제가 등이 찾아오면서 자연스럽게 백탑시파가 결성되었다. 백탑은 종로 탑골공원 안에 있는 원각사지 10층 석탑을 말한다.

박제가가 박지원에게 보낸 이 척독은 박지원의 편지에 대한 답장이었다. 박지원이 박제가에게 보낸 편지는 다음과 같다.

공자가 진나라와 채나라에서 겪은 것처럼 고생이 몹시 심하기는 하지만 도를 실천하느라 그렇게 된 것은 아니네. 그러나 주책없이 누추한 곳에서 살았던 안회에 비기면서 그가 즐거워한 바가 무슨 일인지 탐구하고 있네. 오랫동안 무릎을 굽히지 않았지만 꾸벅꾸벅 자주 절하는 것만 한 좋은 관직이 없는데 어쩌겠나. 많으면 많을수록 좋겠네. 여기 술병까지 보내니 가득 채워 보냄이 어떠한가?

『정유각집』, 「답공작관」

박지원이 박제가에게 돈을 빌려 달라는 편지다. 벼슬을 하지 않아 경제적으로 궁핍했던 박지원은 주변에 돈을 빌려 달라고 요청하는 편지를 자주 썼다. 박제가에게도 같은 요청을 하면서 자신의 처지를 공자와 안회에 빗대어 말했다. 공자가 제자들과 가장 어려운 시기를 보냈던 진채陳蔡 땅에서의 일과 안빈낙도의 삶을 살며 굶는 것을 밥 먹듯이 한 안회에 비추어 자신의 처지를 드러냈다. 벼슬을 하지 않아 무릎을 굽힐 일이 없었지만 박제가에게는 꾸벅꾸벅 절까지 하며 부탁한다. 그리고 한술 더 떠서 술병까지 딸려 보낸다고 했다.

앞의 편지를 보면 박제가가 그래도 제자인데, 제자 앞에서 체면도 없고 염치도 없는 게 아닌가 싶을 정도로 박지원은 스스럼이 없다. 편지의 도입부에서는 그래도 스승답게 『논어』의 한 대목을 인용하며 자신의 궁핍함을 토로해 공감을 이끌어 내고 있지만, 오랫동안 "무릎을 굽히지 않았지만"이라는 표현에서부터는 뻔뻔함까지 묻어난다. 그만큼 박제가와는 허물이 없고 편한 관계라고 볼 수 있다. 스승과 제자 사이지만 때로는 다정한 친구처럼 느껴지는 두 사람이다.

그래서인지 박제가가 답한 척독도 스승의 것과 견주어 다르지 않다. 그는 궁핍하게 사는 스승이자 선배인 박지원을 먼저 찾지 못한 데에 대한 미안함으로 편지를 시작한다. 그리고 부탁한 돈은 보내지만 술은 보내지 못했다고 말한다. '세상에 양주의 학이 어디 있겠느냐'는 게 이유다.

'양주의 학'이란 고사에서 비롯된 말이다. 옛날 여러 사람이 모여 각자 자신의 욕망을 말했다. 어떤 사람은 양주 자사揚州刺史가 되고 싶다고 하고, 어떤 사람은 많은 재물을 얻고 싶다 하고, 어떤 사람은 학을 타고 하늘에 오르겠다고 했다. 그때 남은 한 사람은 허리에 10만 관의 돈을 차고서 학을 타고 양주에 오르겠다고 했다. 즉 앞서 말한 사람들의 소망을 모두 모아 좋은 것을 한꺼번에 다 누리겠다는 의미다. 하지만 그것은 현실에서 불가능한 그저 이루기 힘든 소망일 뿐이다.

그러므로 박제가가 양주의 학이 없다는 말을 한 것은 돈만 보내고 술은 못 보내니 너무 서운해하지 마시라는 의미로 해석할 수 있다. 술을 보내지 않은 것은 박지원의 건강을 걱정했기 때문일 터이다. 스승이 머쓱해하지 않도록 양주의 학에 재치 있게 빗댄 박제가의 글에서 따뜻한 마음이 느껴진다.

돈을 빌리는 사람이나 돈을 빌려주는 사람이 얼굴 붉히거나 부끄러워할 것 없이 재치 있는 척독을 주고받을 수 있었던 것은 두 사람 사이에 신뢰와 정이 두텁게 쌓여 있었기에 가능한 일이었다.

이 책은 나의 『열하일기』와 한사람이 쓴 것처럼 어긋남이 없었다. 이러한 까닭에 그가 진정 즐거운 마음으로 내게 보여 주었고, 나도 자진해서 사흘 동안이나 읽어도 싫증이 나지 않았던 것이다. 아! 이것이 어찌 우리 두 사람이 눈으로만 보고서 그렇게 된 것이겠는가. 비 뿌리고 눈 날리는 날에도 연구하고 술이 거나해지고 등잔불이 꺼질 때까지 토론해오던 것을 눈으로 한번 확인한 것뿐이다.

『연암집』, 「북학의서北學議序」

박제가가 청을 다녀온 후에 완성한 『북학의北學議』의 서문에 쓴 박지원의 글이다. 백탑파 모임은 홍대용이 쓴 중국 여행기를 접하면서 서서히 중국 문명에 관심을 가지기 시작했다. 특히 박제가는 '당벽唐癖'이라는 비아냥거림을 들을 만큼 청나라를 배우자고 주장한 인물이었다. 박제가는 또 서얼의 차별이 없는 중국을 가장 많이 다녀온 인물이기도 하다. 박지원이 자신의 글이나 박제가의 글이 마치 한사람이 쓴 것 같다고 말한 것은 서로 토론했던 시간이 많았고, 같은 것을 지향하기 때문이었을 것이다.

박지원이 홍대용에게 보낸 척독에서도 알 수 있듯이, 달이 밝아서 박제가를 찾아가고 산속에 있으면서 박제가가 관직에 오른 것을 기뻐했던 박지원이었다. 그들은 백탑파 모임에서 토론도 하고, 음악회도 하는 등 많은 시간을 함께했다. 그럼에도 스승으로서 권위를 내세우지 않은 박지원, 그래서 더욱 스승을 잘 따를 수 있었던 박제가. 참 아름다운 사제지간의 모습이다.

문 앞의 빚쟁이는 기러기처럼

박지원이 서중수에게

문 앞의 빚쟁이는 기러기처럼 줄 서 있고
방 안의 취한 놈들 고기 꿰미마냥 잠을 자네.

이 시는 당나라 때 한 호걸이 지은 시입니다. 지금 나는 썰렁한 방에서 외로이 지내는데, 담담한 모양새는 마치 참선에 든 중과 같습니다. 다만 문 앞에 기러기처럼 늘어선 자들의 두 눈깔이 너무도 가증스럽습니다. 늘 비굴하게 핑계를 늘어놓을 때면 도리어 등滕·설薛의 대부를 떠올릴 뿐입니다.

『연암집』, 「여성백與成伯」

박지원의 척독에는 유난히 자신의 빈궁한 상태를 드러낸 글이 많다. 그는 대대로 서울에서 살던 명문가의 후예로 태어났지만 조부 슬하에서 자라다가 조부가 죽고 나서 생활이 곤궁해졌다. 1765년에 처음 과거에 응시하여 낙방했고 이후로는 과거 시험에 뜻을 두지 않고 오직 학문과 저술에 전념했다. 1771년 황해도 금천의 연암골을 발견

하고 은거하기로 계획하였다가 7년 뒤에 가족과 함께 그곳에 정착하여 서울로 돌아가기 전까지 2년 동안을 그곳에서 살았다.

앞의 척독은 박지원이 둘째 누님의 남편, 즉 매형인 서중수에게 보낸 것이다. 문 앞에 빚쟁이가 기러기 떼처럼 줄을 서 있다는 시구절로 시작하고 있는데, 당나라 때 시인 이파李播의 「현지見志」라는 시 일부를 인용하였다. 자신의 처지도 이 시와 딱히 다를 바 없음을 알리고 있다.

시의 전문은 다음과 같다.

작년에 산 거문고값 아직 내지 않았고
올해 산 술값도 돌려주지 않으니
문 앞의 빚쟁이는 기러기처럼 줄 서 있고
방 안의 취한 놈들 고기 꿰미마냥 잠을 자네.

"등·설의 대부를 떠올릴 뿐"이라는 것은 『논어』 「헌문憲問」 편에 공자가 "맹공작은 조나라나 위나라의 가로家老가 되기에는 충분하지만 등나라나 설나라의 대부大夫는 될 수 없다."고 한 말에서 비롯되었다. 맹공작이라는 인물은 청렴하고 욕심이 없지만 나라를 다스릴 재주는 없으니, 약소국인 등나라나 설나라의 대부가 되면 나라를 유지하기 위해 고생이 심할 것이라는 의미다. 박지원은 등과 설에 빗대어 가난한 집안의 가장으로서 자신의 무능함을 탄식한 것이다.

나는 집이 가난하고 꾀가 모자라니, 생계를 꾸리는 데 방공龐公을 배우고 싶지만 소계蘇季와 같은 한탄만 있을 뿐이지요. 허물 벗음은 이슬 마시는 매미보다 더디고 지조는 흙을 먹는 지렁이에 부끄러울 뿐입니다. 옛날에 매화 365그루를 심어 날마다 한 그루씩 보면서 세월을 보낸 임포가 있었는데, 지금 나는 셋방살이 신세가 되어 임포처럼 고산孤山과 같은 동산이 있을 턱이 없으니, 장차 어찌하면 좋지요? (중략) 나는 그대에게 먼저 매화 한 가지를 팔아서 그 값을 정하고 싶습니다. 만약 그 가지가 가지답지 못하거나, 꽃이 꽃답지 못하거나, 꽃술이 꽃술답지 못하거나, 꽃술의 구슬이 구슬답지 못하거나, 책상 위에 놓아도 빛이 나지 않거나, 촛불 아래서도 성긴 그림자가 생기지 않거나, 거문고 옆에 두어도 기이한 흥취를 자아내지 않거나, 시에 넣어도 운치 나지 않거나 한다면 영원히 물리쳐 버려도 끝내 원망하는 말을 하지 않을 겁니다. 이만 줄입니다.

『연암집』, 「여인與人」

받는 이가 누구인지 알 수 없는 이 척독을 보면 박지원의 곤궁함이 더욱 절절하게 다가온다. 이 글은 이덕무의 『청장관전서』「윤회매십전輪回梅十箋」에도 실려 있다. 이덕무가 밀랍으로 매화를 만들어 '윤회매'라고 했는데, 박지원도 그 방법대로 밀랍 매화를 만들어서 값을 정해 사 달라고 부탁한다. 남에게 신세를 지며 어렵사리 사는 자신의 처지를 토로하는 편지이지만 문장이 아름답고 재치가 넘쳐 밀랍 매화를 사 주고 싶은 마음이 들 정도다.

박지원은 이덕무에게 밀랍 매화 만드는 법을 배워 열한 송이를 만들어 엽전 스무 닢에 팔았던 모양이다. 그는 여기저기 쓰고 남은 한 닢을 편지와 함께 이덕무에게 보냈다. 이덕무는 그 돈으로 창호지를 사 구멍 난 창을 발랐으니 귀에 이명도 나지 않고 손도 부르트지 않을 것이라 답장했다. 그들은 궁핍을 한바탕 웃음으로 승화시키는 재주를 가진 듯싶다. 궁핍을 이토록 유쾌하게 넘길 수 있는 이들이 또 어디 있겠는가.

박지원은 비록 과거에 낙방하기는 했지만, 그의 문장 실력으로나 학문으로 보아 충분히 과거에 급제하여 관직에 올라 가난을 면할 수도 있었다. 그러나 과거 시험이란 틀에 박힌 제도를 통해 자신의 능력이 평가되는 것을 거부했다. 한국의 셰익스피어라 이를 만큼 뛰어난 문장가였던 박지원. 그는 곤궁한 삶 속에서 글의 깊이를 다져 갔으리라. 그가 벼슬을 하며 권력을 탐했다면 우리는 그의 감칠맛 나는 글을 감상할 수 없었을지도 모른다.

빗방울이 후둑후둑 떨어지기에

이덕무가 이서구에게

나는 단것을 무지 좋아하오. 오랑우탄이 술을 좋아하고 원숭이가 과일을 즐기는 것과 같소. 내 친구들은 단것을 보면 나를 생각하고 단것이 생기면 나를 준다오. 초정은 모질어요. 세 차례나 단것이 생겼는데도 나를 생각지 않고 주지도 않았다오. 그뿐만 아니오. 남이 내게 준 것까지 훔쳐 먹곤 하오. 친구 간에 허물이 있으면 바로잡아 주는 게 의리 아니겠소. 그를 따끔히 혼내 주시오.

『청장관전서』, 「여이낙서서與李洛瑞書」

이 척독은 이덕무가 친구 이서구에게 보낸 것이다. 이서구는 박제가, 이덕무, 유득공과 함께 사가시인四家詩人으로 불렸다. 그는 열다섯 살부터 박지원에게 글 쓰는 법을 배웠고, 홍대용과 박지원의 집에 문하로 출입하면서 실학파 문인들과 가깝게 지냈다. 이덕무는 이서구에게 유난히 편지를 자주 보냈는데, 이서구는 그가 죽었을 때 그 편지들을 정리해 작은 책자로 만들어 그의 아들에게 전해 주며 나중에 문집에 넣으라고 했다 한다.

이 척독은 이서구에게 보낸 것이지만 내용은 박제가와 관련되어 있다.

홍대용과 엄성이 국경을 넘은 천애지기였다면 조선 내에서 그들 못지않게 막역한 지기였던 이들이 이덕무와 박제가다. 이덕무가 박제가보다 아홉 살이나 많았지만 벗을 삼는 데 나이는 큰 문제가 되지 않았다.

이덕무가 박제가를 알게 된 것은 스물네 살 되던 해로, 그의 처남인 무인 출신 백동수의 집에 갔다가 현판에 적힌 박제가의 '초어정樵漁亭'이라는 글씨를 보게 되면서부터다. 그 글씨가 오래도록 인상 깊게 남았던 이덕무는 박제가라는 이름을 기억했다. 그리고 박제가를 처음 만나게 된 것은 그로부터 3년 후였다. 백동수의 집에서 그를 만났는데, 이덕무는 그와의 만남을 "너무 마음에 들어 즐거움을 견딜 수 없을 정도"였다고 표현했다. 그리고 그들의 우정은 1793년 이덕무가 죽을 때까지 30여 년간 이어졌다. 둘은 늘 함께했다.

이덕무와 박제가의 사이를 잘 모른다면 마치 그가 이 척독에서 이서구에게 박제가의 험담을 늘어놓는 것처럼 보일 수 있다. 그가 단것을 좋아해서 친구들이 단것만 있으면 그를 챙기는데, 박제가만은 오히려 자신의 것을 훔쳐 먹는다고 이른다. 그리고 이서구에게 박제가를 야단쳐 달라고 말한다. 다 큰 어른들이 할 소리는 아닌 것 같지만 서로 허물없이 지내니 더 즐겁게 받아들일 수 있으리라. 별것도 아닌 소소한 이야깃거리로 척독을 읽으면서 즐거움을 얻는다.

이덕무가 박제가에게 보낸 척독을 보자.

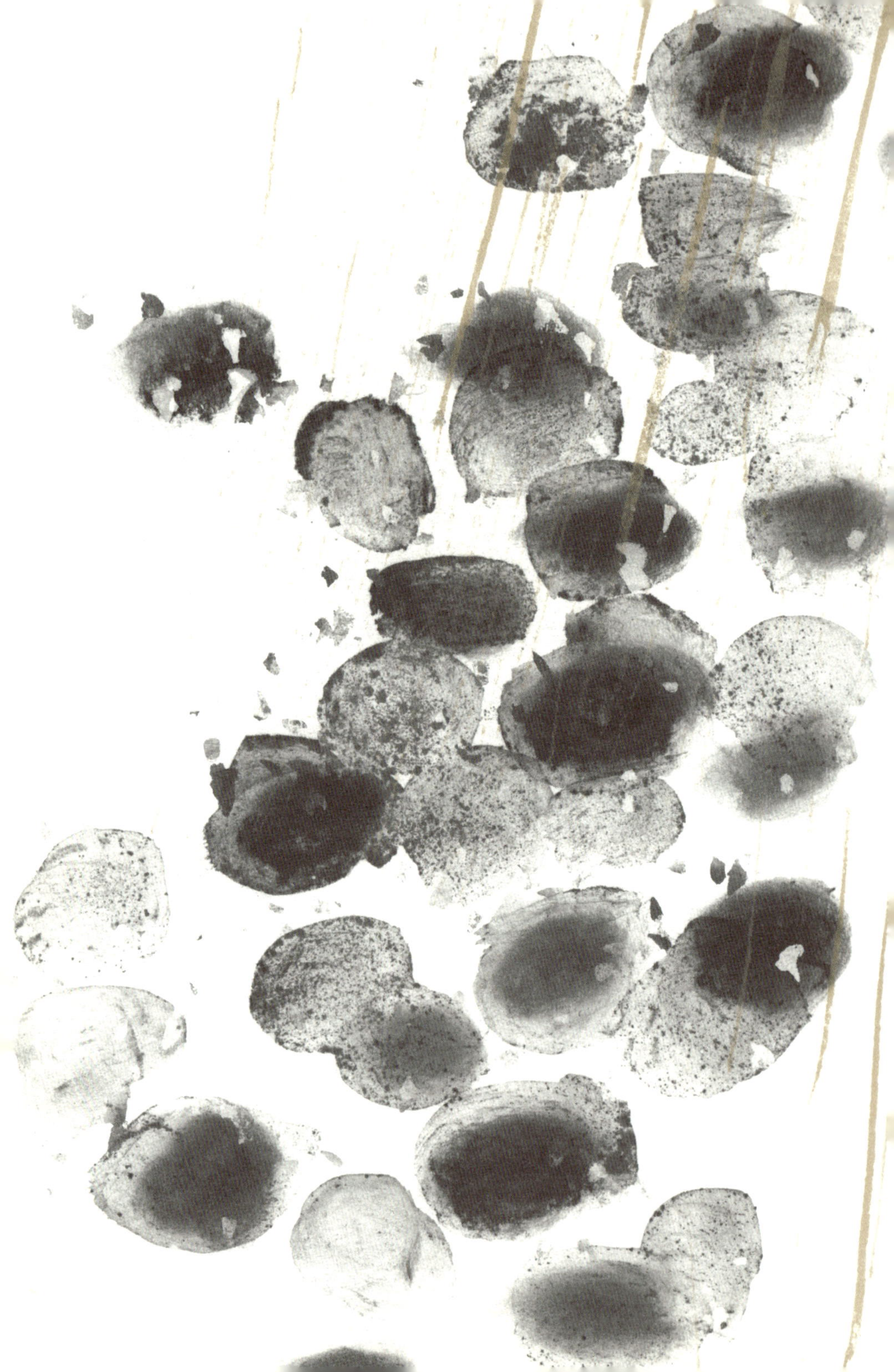

어제 저녁에 그대가 문을 나서자마자 서글퍼졌다오. 하늘을 보고 사방을 바라보니, 검은 구름이 모여들고 빗방울이 후둑후둑 떨어지기에 동자를 보냈소. 동자가 철교까지 갔는데도 만나지 못하고 돌아오므로 한참 동안 탄식하였소. 나는 고지식한 선비라 세상 물정을 잘 모르고 무엇 하나 잘하는 것이 없어 어린아이처럼 분별이 없고 소녀처럼 얌전했더랬소. 우연히 그대를 만나 나의 본심을 보여 줄 것처럼 허물없이 대할 줄은 생각지도 못 하였소.

나의 누추한 집을 찾아 주고 또 정감 어린 편지를 보냈구려. 모두 5백 자 되는 편지에 글자마다 진심이 드러났었소. 스스로 생각할 때 재주 없고 변변찮은데 어떻게 이런 영광을 받았는지. 처음에는 놀라고 부끄러웠으며, 중간에는 칭찬하였고, 나중에는 기쁘고 즐거워 그대 같은 훌륭한 사람을 얻게 되어 다행이라 생각했소.

그대는 어린 나이에도 어른 같았소. 정신이 안정되어 있고 심지가 굳었지. 말을 할 때는 조리가 있고 기교를 부리지 않고 순박함을 회복하여 옛 위인의 풍채와 태도를 지녔지. 나는 아직껏 없던 인재라고 감탄하며 가장 훌륭한 후배로 추앙하지 않을 수 없소. 그대는 나의 허술함을 살피지 못하고 지나치게 추어올리니 몹시 고맙소. 그러나 살펴보건대 그대가 한결같은 마음으로 영원한 벗을 맺은 것은 요즈음 사람들은 할 수 없는 일이오. 내 어찌 진심을 말하지 않을 수 있겠소.

『청장관전서』, 「여박재선서與朴在先書」

이 편지는 아마도 박제가와의 만남이 시작될 무렵에 보낸 것 같다. 박제가에 대한 첫인상과 친해지고 싶은 마음, 애틋한 마음 등 벗을 사귀기 시작할 때의 심정이 잘 드러나 있다. "그대가 한결같은 마음으로 영원한 벗을 맺은 것"이라는 말에서 이덕무는 그들의 30년 우정을 예견하지 않았나 싶다. 이 척독을 보면 글머리의 이서구에게 쓴 척독이 더욱 재밌게 다가온다.

이덕무가 이서구에게 보낸 또 다른 척독을 읽어보자.

내 집에 쓸모 있는 것이라곤 『맹자』 7책뿐이오. 오랜 굶주림을 못 견디고 돈 2백 닢에 팔아 밥을 실컷 해 먹고는 희희낙락하며 영재에게 달려가 잔뜩 자랑하였소. 영재도 오랫동안 굶주렸던 터라, 내 말을 듣고 즉시 『춘추좌씨전春秋左氏傳』을 팔았고, 쓰고 남은 돈으로 술을 사다가 나와 함께 마셨다오. 이는 맹자가 친히 밥을 지어 나를 먹이고 좌구명左丘明이 손수 술을 따라 나에게 권한 것과 무엇이 다르겠소. 그리하여 맹자와 좌구명을 한없이 칭찬하였소.
그러나 우리가 1년 내내 이 두 책을 읽기만 하였다면 어떻게 조금이나마 굶주림에서 벗어날 수 있었겠소. 참으로 글을 읽어 부귀를 얻고자 하는 것은 모두 요행을 바라는 술책이요, 직접 책을 팔아 실컷 먹고 취하고자 하는 것이 보다 꾸밈없고 솔직한 것임을 비로소 알았소. 아, 서글픈 일이오. 그대는 어떻게 생각하시오?

『청장관전서』, 「여이낙서서」

이덕무는 가난에 끼니마저 챙기지 못하며 지내던 차에 집 안에서 그나마 값이 나갈 만한 『맹자』를 팔았다. 책이라면 누구보다 애정이 깊었던 그였지만 굶주림 앞에선 어쩔 수 없었나 보다. 그리고 그는 그 사실을 자랑삼아 유득공에게 말했다. 유득공은 그 길로 『춘추좌씨전』을 팔아 그와 함께 술을 마셨다. 그러고는 서로 머쓱했던지, "맹자가 친히 밥을 지어 나를 먹이고, 좌구명이 손수 술을 따라 나에게 권한 것과 무엇이 다르겠소."라고 책의 저자들을 칭찬하며 위안을 삼는다.

평생 책을 읽어도 과거에 응시할 수도 없는 서얼 출신인 두 사람은 책이라도 팔아 끼니를 해결할 수밖에 없는 현실을 자조하고 있다. 하지만 그는 어쩔 수 없는 현실에 주눅 들지 않았고 서글픈 현실을 오히려 유쾌하게 풀어냈다.

> 최상의 사람은 가난을 편안히 여기고, 그다음 사람은 가난을 잊어버리고, 최하등 사람은 가난을 숨기거나 호소하다 가난에 짓눌리고 가난의 노예가 된다. 그보다도 더 하등인 사람은 가난을 원수처럼 여기다가 그대로 죽어 간다.
>
> 『청장관전서』, 「이목구심서耳目口心書」

'가난'에 대한 이덕무의 생각이다. 가난이 결코 편안하지도 않고 유쾌할 리도 없지만, 가난이라는 현실에 매여 스스로를 더 불행하게 하기보다 자유로워지기를 바라는 것으로 보인다.

한 편의 짧은 이야기로 된 이 척독, 이덕무의 척독이 소품에 가깝다는 평이 나올 만하다. 소박하면서도 솔직한 표현에 서글픔이 웃음으로 터져 나온다. 웃어도 웃는 게 아닐지 모르지만.

걱정스럽고 그리운 마음 그지없네

허목이 윤휴에게

더위와 빗속에 배를 타고 왕래했는데, 거상居喪 중의 근황이 어떠하신가? 입추 후에 장맛비가 한 달이나 계속되고 있는데, 낮고 습한 여차旅次에서 극도로 쇠약해진 몸으로 어떻게 지내는지 걱정스럽고 그리운 마음 그지없네.

묏자리는 명당으로 얻었는가? 내 생각으로는 이 일이 잘못된 풍습에 너무 깊이 빠진 것이라 여겨지니, 이는 실로 식자들이 깊이 탄식하는 바이네. 내가 말하지 않더라도 이미 옳고 그름을 잘 판단했을 것이라 믿네. 방술이란 것이 광범위해서 길흉이나 금기 사항을 다 믿기 어렵고, 또 그 말이 길흉화복을 선악에 귀결시키지도 못하니, 매우 두려워할 만하네.

병석에 누워 겨우 쓰느라 손이 떨리는 데다 눈은 더욱 어두워져서 예를 갖추지 못하니, 매우 부끄럽고 두렵네.

『기언記言』, 「여윤좌랑휴희중與尹佐郞鑴希仲」

역사에는 수많은 라이벌이 존재한다. 조선 시대에도 유명한 라이벌이 존재했다. 퇴계退溪 이황李滉, 1501~1570과 율곡栗谷 이이李珥, 1536~1584, 이황과 남명南冥 조식曺植, 1501~1572이 학문적으로 라이벌을 형성했다면, 우암 송시열과 미수眉叟 허목許穆, 1595~1682은 정치적, 사상적으로 라이벌 구도를 이루었다. 우암과 미수는 예송논쟁禮訟論爭의 두 거목으로, 송시열은 서인 세력의 영수였고 허목은 남인 세력의 영수였다.

허목은 조선 후기 정계와 사상계를 이끌어 간 인물이다. 주자 성리학 일색이던 당시 분위기 속에서 원시 유학인 육경학六經學에 관심을 두면서 독자적인 학문 세계를 일구었다. 그는 화담花潭 서경덕徐敬德, 1489~1546, 이황, 조식 등의 영향을 받았으며 도가적 성향을 띠고 불교에도 개방적이었다. 그래서 두루 학문하는 데에만 힘쓰고 선별하는 데에는 힘쓰지 않는다는 '무박불무택務博不務擇'을 스스로 내세우기도 했다. 이러한 허목을 따르던 이가 바로 백호白湖 윤휴尹鑴, 1617~1680였고, 그가 바로 앞의 척독을 받은 사람이다. 두 사람은 사제지간은 아니었지만 많은 부분 지향하는 바가 같아 마치 사제지간과도 같았다.

이 척독은 허목이 자신보다 스물두 살이나 어린 윤휴에게 보낸 것이다. 윤휴가 상을 당하자 허목이 산소를 쓰는 일에 대해 조언을 하고 있다. 윤휴는 당색에 그다지 구애받는 인물은 아니었으나 예송논쟁에서 서인 측과 틈이 생긴 이후 남인으로 활약했고, 특히 허목을 잘 따랐던 것으로 보인다.

허목은 예순다섯 살까지 재야의 학자로 있다가 1660년현종 1부터 시작된 예송논쟁을 계기로 정치권에서 주목받는 인물이 된다. 예송

논쟁이란 현종 때 인조의 계비인 조대비의 상례喪禮 문제를 둘러싸고 두 차례에 걸쳐 남인과 서인 간에 벌인 격렬한 논쟁을 말한다. 1차 예송논쟁이라 할 수 있는 기해예송에서 패배를 맛본 허목은 남인들이 숙청되면서 삼척 부사로 좌천된다.

앞뒤로 불행을 당하여 수천 리 떨어진 외진 곳에서 수십 년 동안 귀양살이를 하느라 얼굴은 초췌하고 수염과 머리털은 허옇게 세었어도, 바른 도를 지키며 곤궁해도 후회하지 않으시니, 그저 지사志士의 감개를 더할 뿐입니다. 탄식을 멈출 수 없지만 또한 어찌하겠습니까. 이 길은 아득하고 인사는 날로 어려워지는데, 끝내 돌아가 쉴 곳이 어디인지를 모르겠습니다.
바닷가는 풍토가 좋지 못한데 그곳은 더욱 심하다고 들었습니다. 부디 건강에 더욱 유념하여 천수를 보전하시기 바랍니다. 신의 보살핌으로 하루하루 강녕함을 유지하신다면 이는 천리가 아직 밝다는 증거일 것입니다. 이만 줄입니다.
『기언』,「여윤참의선도與尹參議善道」

삼척으로 좌천된 허목이 복제服制에 관해 상소한 일로 삼수에 유배된 고산孤山 윤선도尹善道, 1587~1671에게 보낸 편지다. 윤선도는 허목보다 8년 연상이었다. 같은 남인으로 몇 차례 유배 생활을 한 선배의 심정을 좌천된 자신의 모습에 실어 이해해 보려고 했던 게 아닐까 싶다. 그리고 곤궁해도 후회하지 않는 윤선도처럼 자신도 삼척에서 좌

절하지 않을 것임을 다짐하는 편지로 보인다. 실제로 허목은 지방관으로서 삼척 주민들을 위해 자신의 소임을 다했다.

어제 보내 주신 편지를 받고 몸이 불편하심을 알고서는 밤새 걱정을 했습니다. 선생께서 벼슬에 오르신 지도 벌써 꽤 되어 무언가 임금의 귀가 번쩍 뜨이도록 한 말씀 하실 법도 한데 응접이 너무 번거로워 붓에 먹물을 묻힐 틈이 없는 것 같아 보여 상당히 염려를 하고 있습니다. 어제 말씀드렸던 절손節損하는 방법에 대해서 꼭 관심을 가지시고 그 방법으로 정신을 모으고 배양하여 국사를 도모해 가시기를 천만 번 비는 바입니다.

『백호집白湖集』, 「답허미수答許眉叟」

이 척독은 윤휴가 허목의 척독에 답한 것이다. 허목과 윤휴는 서로 믿고 의지하는 사제지간으로서 척독을 꽤 많이 주고받았다. 이 척독에서도 서로에 대한 훈훈한 마음을 느낄 수 있다.

"이틀 동안이나 상공을 뵙지 못해 제 마음 울적했습니다. 저는 앓던 병이 심해져 오늘 비변사에 나가지 못해 인사를 결정하는 자리에 참석하지 못하였습니다. 평소의 생각을 짧은 차자箚子로 올리려다가 어설프고 잘못된 점이 있을까 해서 감히 대감께 먼저 보여 드리고 바로잡아 주시기를 청한 것입니다. 대감께서 만약 옳지 않다고 생각하신다면 굳이 올리지 않겠습니다."

윤휴가 허목에게 보낸 이 편지를 보면 윤휴는 허목에게 상당히 의

지했던 것으로 보인다. 이틀 동안 허목을 보지 못해 울적했다는 표현만 봐도 알 수 있다. 이번에는 허목이 윤휴에게 보낸 다른 편지를 보자.

뜻밖에 편지를 받고는 적막하던 중에 반갑게 얼굴을 마주한 것만 같았네. 감사하고 위로되는 마음을 어찌 다 헤아리겠는가. 이 늙은이는 올해 들어 정신이 더욱 흐려지고 기력이 더욱 쇠하였네. 저승으로 갈 날이 머지않았다는 것을 스스로도 알겠으니 어찌하겠는가.
큰 병이 오래도록 낫지 않은 상태에서 성안으로 들어가게 되었다고 들었네. 사는 일도 고달파 한계에 이르렀는데 귀신까지 업신여기니 운명이 기구하다고 할 만하네. 우습지만 어찌하겠는가.
가을이 깊어지면 한산으로 가기로 약속했었기에, 매번 송장宋丈, 송석우宋錫祐과 만나면 반드시 여기에 대해 문답하곤 하네. 더구나 가을 산이 점점 더 아름다워져 가는데 어찌 한바탕 정담을 나누지 않을 수 있겠는가. 그날만 기다리고 있네. 더위를 먹은 상태에서 정신없이 쓰느라 글이 제대로 되지를 않네. 진중하게 스스로 몸을 아끼기 바라네. 이만 줄이겠네.
『기언』, 「여윤좌랑휴희중」

허목은 같은 남인이지만 정치 노선이 선명하지 않은 묵재默齋 허적許積, 1610~1680과 대립하게 된다. 결국 서인에 대한 처벌 문제를 둘러싸고 강경파인 청남淸南과 온건파인 탁남濁南으로 분열하였다. 허적과 석담石潭 권대운權大運, 1612~1699 등은 탁남, 허목과 윤휴 등은 청남에 들었다. 허목은 허적을 탄핵하는 상소문을 숙종에게 직접 올렸지만 받아들여지지 않자 사직을 하고 연천으로 가 은거했다. 이때 숙종이 원로대신에 대한 예우로 집을 하사했다.

허목이 낙향한 지 얼마 지나지 않아 중앙 정계는 또다시 정치적으로 요동쳤다. 허적의 권력 남용과 허적의 서자 허견許堅, ?~1680의 역모 혐의가 발단이 된 경신환국庚申換局으로 권력은 다시 서인 쪽으로 넘어갔다. 허목은 경신환국을 비껴갔다. 낙향해 있기도 하고 그 스스로 언행을 경계하여 허물을 적게 하려고 노력한 결과이기도 했다.

그런 허목이 윤휴에게 아름다운 가을날 한바탕 정담을 나누자며 몸을 아끼기를 당부한 것은 오래 산 이의 노파심이 아니었을까 싶다. 아끼는 후배가 혹여 열정으로 도리어 화를 입게 되지나 않을까 걱정한 것이다. 실제로 윤휴는 명분으로만 북벌을 외치는 이들과 달리 진심으로 북벌을 주장할 정도로 열정적인 인물이었다.

어제 꽃구경하러 잠시 동쪽 성 밖을 나갔었는데 그때 마침 편지가 도착하여 늦게서야 대감의 서한을 보았습니다. 감사하고 죄송한 마음 이를 데 없습니다. 봄이 한창이라 농사도 시작될 텐데, 몸소 밭을 가실 때 들녘에서 대감을 모시고 쟁기를 함께 잡을 수 없으니 그게 유감입니다. 서쪽 교외로 나가서 사신다는 그런 좋은 계획을 정말로 세우셨습니까? 언제 떠나실 예정입니까?
오늘 지난해에 지어 두었던 강변 별장을 점검하기 위해 나갔다가 왔습니다. 대감께서 만약 그 근처로만 오신다면 제가 달마다 찾아뵐 것입니다.
『백호집』, 「답허미수」

윤휴는 언제라도 함께하고 싶은 허목에게 답장을 보낸다. 하지만 경신환국으로 윤휴는 허목보다 먼저 세상을 떠난다. 윤휴는 허목을 따라 주자의 성리학보다는 고대 유학의 정신을 추구했다. 철저한 주자학자였던 송시열은 그런 윤휴를 이단아로 여겼다. 서인 노봉老峯 민정중閔鼎重, 1628~1692이 편지로 윤휴를 어떻게 처리할 것인지 물었을 때 송시열은 "풀을 제거하려면 반드시 뿌리를 제거해야 한다."라고 답했다. 2차 예송논쟁 당시 윤휴도 송시열을 엄벌에 처할 것을 주장한 적이 있었다. 1680년 5월 20일 윤휴는 사약을 받았다. 어찌 보면 정작 역사의 라이벌은 송시열과 윤휴였는지도 모르겠다. 허목은 윤휴를 포함한 남인들을 잃은 아픔을 달래며 말년을 보내다 1682년 88세를 일기로 임종을 맞았다.

위태로운 역사 현장에서 사제지간처럼 서로 의지해 편지를 주고받으며 마음을 나누었던 허목과 윤휴. 사람은 가고 없지만 편지는 오래도록 남아 그들의 정취를 느끼게 한다.

나의 고심을 저버리지 말아라

정약용이 두 아들에게

이별의 정을 말해 무엇하겠느냐. 언제 너희 어머니를 모시고 동쪽으로 돌아갈 것이냐? 될 수 있으면 즉시 돌아가서 조용히 있기를 바란다. 나는 길을 떠나오면서 몸이 날로 회복되어 그믐날은 죽산에 머물렀고 초하룻날은 가흥에 머물렀단다. 오늘 막 부모님 산소를 찾아뵙고 떠나왔다. 어느 곳에 간들 성은聖恩이 이르지 않겠느냐. 감축할 뿐이다. 너희 어머니의 안색을 보니 걱정이 되는구나. 몸에 좋은 음식으로 보양하고 약을 써서 다스리도록 유의하여라. 이만 줄인다.

『다산시문집茶山詩文集』, 「기이아寄二兒」 신유년

18세기 실학사상을 집대성한 한국 최대의 실학자이자 개혁가였던 정약용. 그는 학문에 대한 과도한 열정으로 순탄치 못한 인생을 살아야 했다. 20대에 서학西學에 매혹되었다가 제사를 폐해야 한다는 주장과 부딪치면서 서학을 멀리했지만 천주교 관련 사건이 일어날 때마다 오해를 받아 곤욕을 치렀다.

정조가 재위할 때만 해도 그는 환란을 벗어날 수 있었다. 정조의 최

측근으로서 배다리를 만들고 수원성 축조 때 기중기를 이용하는 등 빛나는 업적을 남기면서 탄탄대로의 관료 생활을 이어갈 수 있었다. 그러나 정조 사후인 1801년순조 1 신유사화가 일어나면서 주변 인물들이 참화를 당했고, 형 정약종丁若鍾, 1760~1801도 참수를 당했다. 겨우 목숨을 부지한 정약용은 그해 2월에 경상도 포항 부근에 있는 장기로 유배되었다. 그러나 '황사영 백서 사건'의 여파로 다시 문초를 받고 전라도 강진에서 18년 동안 유배 생활을 하게 되었다.

이 편지는 첫 유배지 장기에서 두 아들에게 보낸 것이다. 유배 간 남편 걱정에 건강이 좋지 않은 아내를 두 아들에게 부탁하는 내용이다.

날짜를 헤아려 보니, 82일 만에 편지를 받았구나. 그 사이에 내 턱의 수염이 희어진 것이 일고여덟 개나 된다.

너희 어머니가 병이 났을 것은 나도 짐작하고 있었다. 너희 큰어머니도 이질을 앓고 난 뒤라서 모습이 더욱 초췌해졌을 것이 분명하니 견디기 어렵구나. 그러나 신주의 일을 생각하면 가슴이 멘다. 반년 동안이나 소식이 막혔었는데, 이러고도 같은 세상에 살고 있다고 할 수 있겠느냐. 나는 육지에 있으면서도 고생이 이러한데, 하물며 신주에서는 어떠했겠느냐. 형수씨의 사정 또한 측은하니 너는 어머니 섬기듯이 해야 할 것이다. 봉륙封六, 정약전의 아들이도 친형제처럼 대하여 마음을 다해 위로하고 돌보도록 하여라.

나는 밤낮으로 문아文兒가 글을 읽기를 바랄 뿐이다. 문아가 선비가 되려는 마음을 갖는다면 내가 무슨 여한이 있겠느냐. 밤낮없이 부지런히 글을 읽어서 나의 고심을 저버리지 말아라. 팔이 저려서 이만 줄인다.

『다산시문집』, 「기이아」 신유년

신유사화는 정약용뿐만 아니라 그의 집안 전체에 불어닥친 큰 불행이었다. 조선 천주교 사상 최초의 영세자인 만천蔓川 이승훈李承薰, 1756~1801이 정약용의 매형이었으니, 그의 형제들이 서학과 밀접한 관계를 가질 수밖에 없었다. 이승훈과 정약용의 셋째 형인 정약종은 죽임을 당했고, 둘째 형인 손암巽庵 정약전丁若銓, 1758~1816은 전남 완도군에 있는 신지도에 유배되었다. 편지의 내용 중 '신주'가 바로 신지도다. 정약용은 그곳에 유배되어 고생하는 형 생각에 가슴이 메고 형의 가족들이 측은해 아들에게 큰어머니나 사촌들에게 정성을 다하도록 당부한다. 자신의 아들 또한 아버지와 생이별한 처지이지만, 그래도 더 넓고 따뜻한 마음을 가지기를 바란다. 문아는 정약용의 둘째 아들 운포耘逋 정학유丁學游, 1786~1855를 가리킨다.

너희들은 도가 완성되고 덕이 성립되었다고 여겨 더는 책을 읽지 않는 것이냐? 올겨울에는 부디 『상서尙書』와 『예기禮記』 중에 읽지 않은 부분을 읽는 것이 좋겠다. 또한 반드시 사서四書와 『사기』도 늘 읽어야 할 것이다. 사론史論은 그동안 몇 편이나 지었느냐? 근본을 두터이 배양하고 소소한 광채 따위는 드러내지 말기를 간절히 바란다. 내가 저술에 전념하는 것은 단지 눈앞의 근심을 잊으려는 것만이 아니다.

아버지가 되어서 이토록 누를 끼친 것을 부끄럽게 여겨 이로써 속죄하고자 해서이니, 그 뜻이 어찌 심각하다고 하지 않겠느냐. 예설에 뜻을 두지 않아서는 안 되겠으니, 『독례통고讀禮通考』 4갑을 학손 편에 보내라.

『다산시문집』, 「기이아」 신유년

정약용이 유배 생활을 시작한 나이는 마흔이었고, 유배 생활이 끝난 나이는 쉰여덟이었다. 그 기간은 한창 자녀들을 교육시킬 시기인데 유배로 인해 자녀들과 함께할 수 없었다. 아이들에 대한 미안함과 안타까움이 얼마나 컸을까. 그래서였는지 유배 생활 18년 6개월 동안 자녀들에게 수십 통의 편지를 보냈다.

그가 아들에게 쓴 편지에서 가장 자주 나오는 것은 바로 독서에 대한 것이다. "절대로 자포자기하지 말고 성의를 다하고 부지런히 힘써라. 책을 읽고 베끼고, 글을 짓는 일을 행여 대충하고 지나쳐서는 안 될 것이다.", "문장을 짓는 일은 학문하고 남은 여가에 하는 일이다. 학문을 하지 않고 예의가 없으면 금수와 다를 것이 있겠느냐." 등의 구절이 눈에 띈다. 함께 있지 않기에 더욱 챙기려는 마음으로 보인다. 책을 왜 읽어야 하는지, 어떤 책을 읽어야 좋을지, 독서와 글쓰기는 어떻게 해야 하는지 등 멀리 있어도 가까이 있는 듯 때론 자상하게 때론 따끔하게 꾸짖으며 아들 교육에 최선을 다했다.

네가 닭을 기른다는 말을 들었다. 닭을 기르는 것은 참으로 좋은 일이다. 하지만 이 가운데에도 고상하고 저속하며, 맑고 탁한 차이가 있다. 농서農書를 잘 읽어서 좋은 방법을 선택하여 시험해 보되, 색깔과 종류로 구별해 보기도 하고, 홰를 다르게 만들어 보기도 하고, 특별히 잘 길러 남의 집 닭보다 더 살지고 더 번식하게 해라.
때때로 닭 키우는 정경을 시로 지어 있었던 일들을 풀어내는 것, 이것이 바로 독서한 사람이 닭을 치는 법이다. 만약 이익만 보고 의리를 알지 못하며, 먹일 줄만 알고 기르는 일을 즐길 줄은 모르는 채 부지런히 힘쓰고 골몰하면서 채소를 가꾸는 이웃과 아침저녁으로 다투기나 한다면, 이는 바로 서너 집 모여 사는 시골의 졸장부가 닭을 치는 법이다. 너는 어느 쪽을 택하겠느냐?

『다산시문집』, 「기유아寄游兒」

닭을 키우는 일을 시작한 정학유에게 책을 읽은 사람의 양계는 일반 사람과 달라야 함을 말하고 있다. 특히 이익만 보고 의리를 저버리는 일이나 즐길 줄 모르고 이웃과 다투기만 하는 일을 경계하라고 훈계했다. 곁에 없어도 아들을 곁에서 다 지켜보는 양 세심하고 자상하게 충고하는 아버지의 모습이 잘 전해진다.

그는 1808년 유배지 강진 귤동에 '다산초당'을 지어 천여 권의 서적을 쌓아 놓고 본격적으로 유교 경전을 연구했다. 그의 유배는 개인적으로 불행이었겠지만, 유배 기간 동안 그의 학문이 집대성되었다는 점에서는 긍정적인 면도 없지 않다.

정약용에게는 원래 아홉 자녀가 있었지만, 그중 여섯이 죽고 아들

둘과 딸 하나가 남았다. 그의 유배로 병이 난 아내는 남편에게 시집올 적에 가져온 빛바랜 다홍치마 다섯 폭을 강진으로 보낸다. 아내의 치마를 받은 정약용은 그 치마를 잘라서 넉 점의 조그만 서첩을 만들어 두 아들에게 보낸다. 바로 '다홍치마로 만든 서첩'이란 뜻의 『하피첩霞帔帖』인데, 두 아들에게 교훈이 될 만한 구절들을 직접 지어 기록했다. 3년 후에는 남은 조각에 '매조도梅鳥圖'를 그려 가리개로 만들어 시집간 딸에게 보낸다.

펄펄 나는 새들이
뜨락 매화 가지에서 쉬네.
진한 꽃향기에
고맙게도 찾아왔네.
앉아 둥지 틀고
가족 즐겁게 하렴.
꽃이 활짝 피었으니
열매도 많겠구나.

'매조도' 여백에는 이렇게 시를 썼다. 시집간 딸이 좋은 가정을 이루고 잘 살기를 바라는 아버지의 마음이 느껴진다. 토실토실한 열매가 주렁주렁 매달리듯 기쁜 일만 가득하길 바라는 축원과 훈계는 멀리 떨어져 있는 아버지가 보내는 간절한 마음의 표현이었을 것이다. 어머니의 치마에 아버지의 시가 담긴 그림을 보며 딸은 어떤 심정이었을까? 가족과 생이별을 할 수밖에 없는 상황 속에서도 아버지로서 최선을 다했던 정약용의 모습에서 강한 부정父情이 느껴진다.

친필을 담은 척독 일곱 장

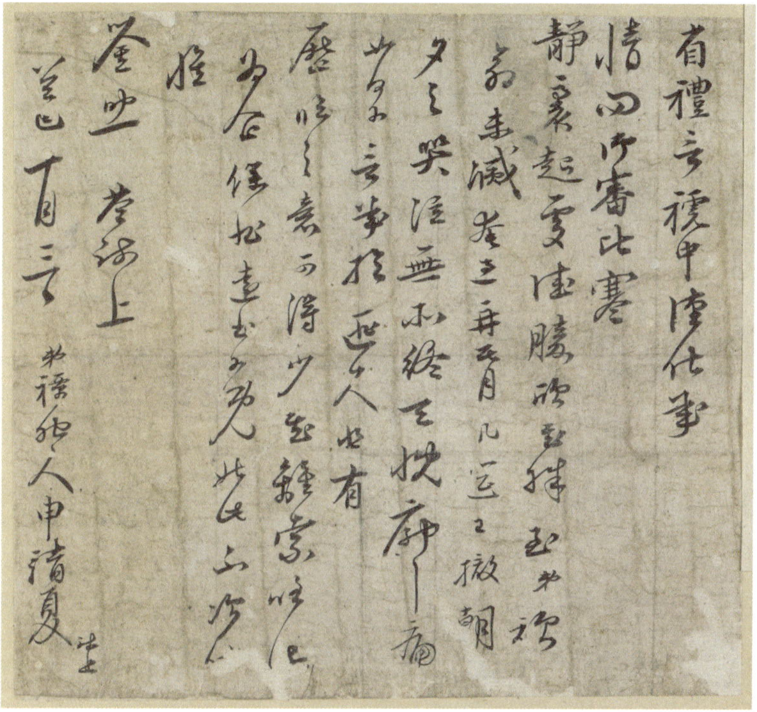

신정하(申靖夏, 1680~1715)가 지인에게 보낸 편지. 대상(大祥)을 마치고 애통하던 차에 방문해 주겠다는 지인의 편지를 받고 위로가 되었다는 내용을 적었다. _성균관대학교 박물관 소장

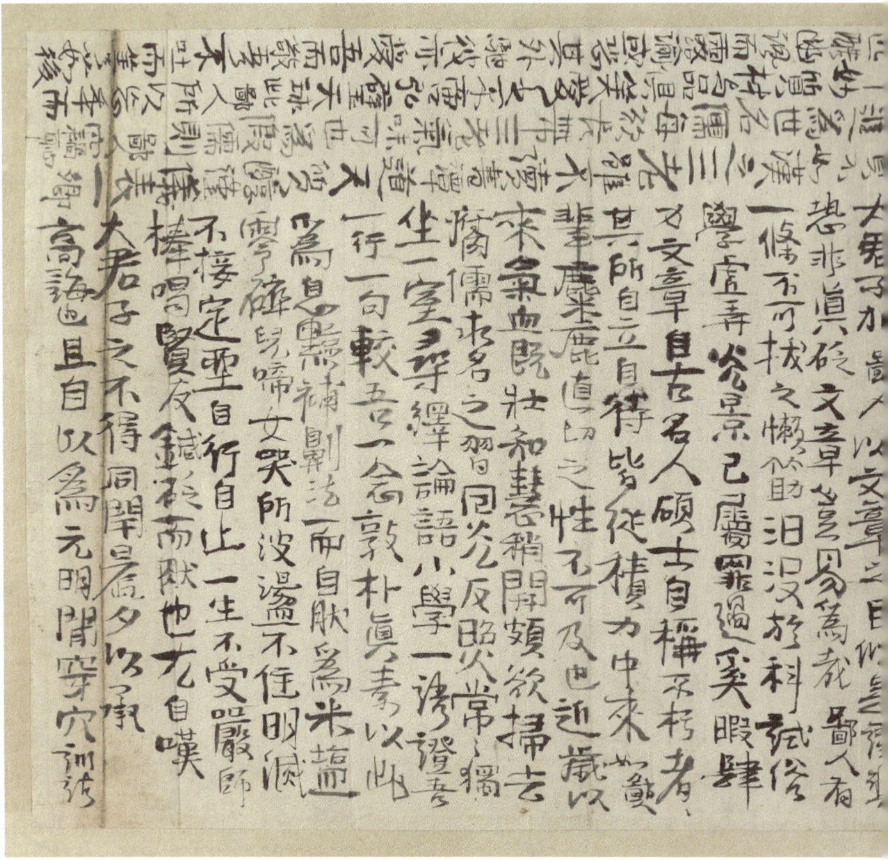

이덕무(李德懋, 1741~1793)가 조연귀(趙衍龜)에게 보낸 편지. 경전을 읽으며 마음을 성찰하는 일상을 적었다. _성균관대학교 박물관 소장

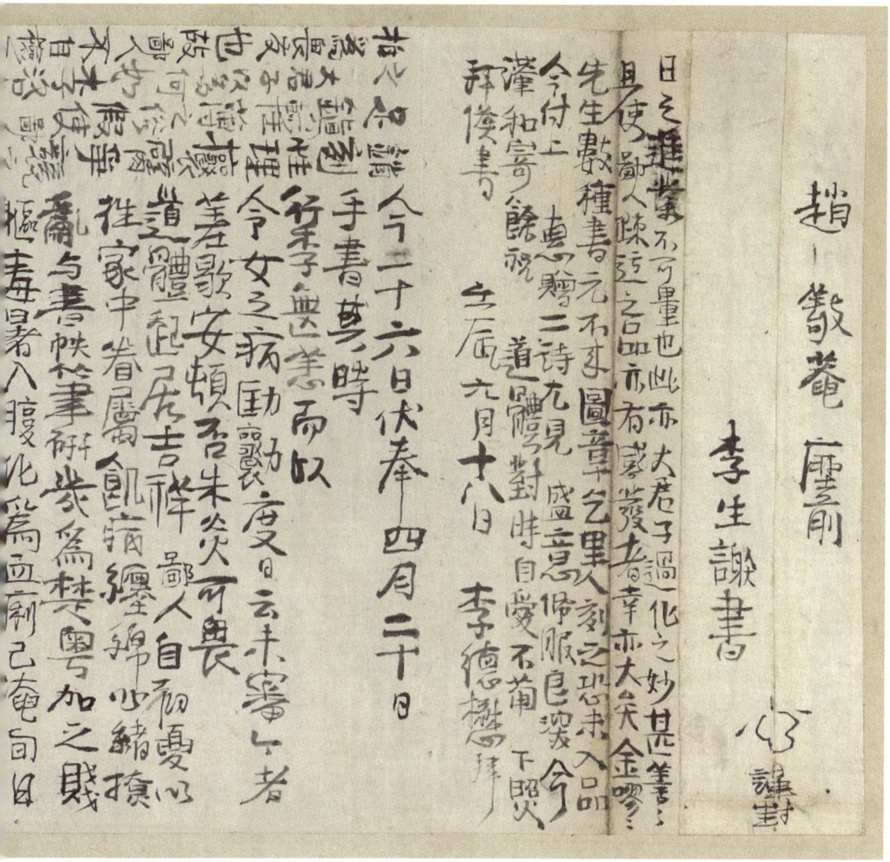
趙 敬菴 座前
李生謝書

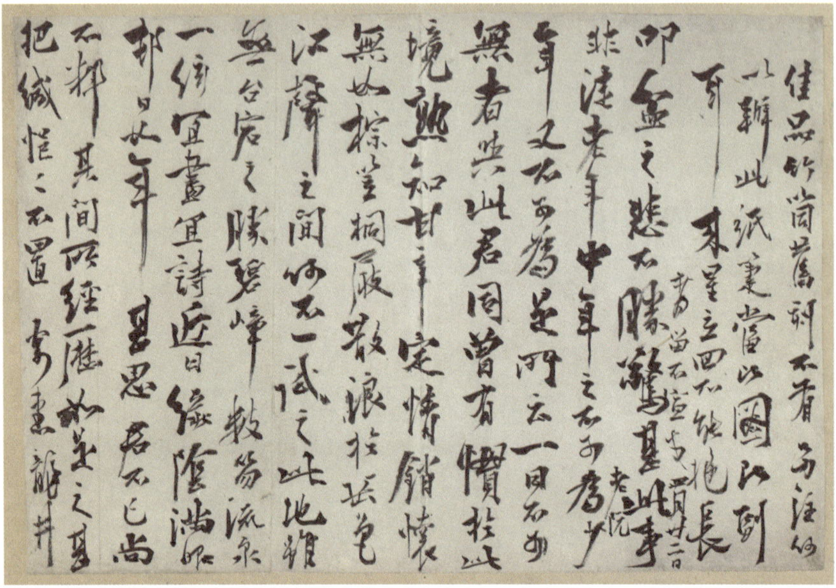

김정희(金正喜, 1786~1856)가 아내를 잃고 슬픔에 빠져 있는 오경석(吳慶錫, 1831~1879)에게 보낸 편지. 자연 속에서 유랑하며 마음을 달랠 것을 권유하고 있다. _성균관대학교 박물관 소장

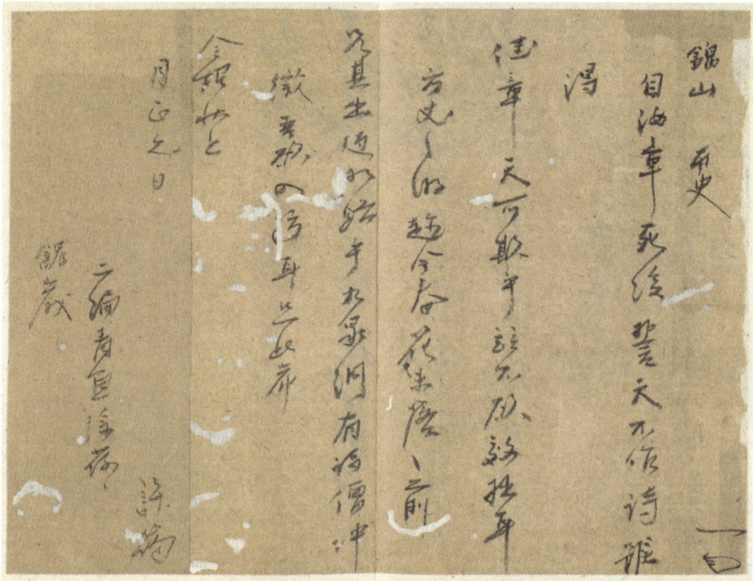

허균(許筠, 1569~1618)이 금산부사(錦山府史)에게 보낸 편지. 봄꽃이 떨어지기 전에 방장산(方丈山) 유람을 하려 하는데 맞이해 줄 수 있는지를 묻고 있다. _성균관대학교 박물관 소장

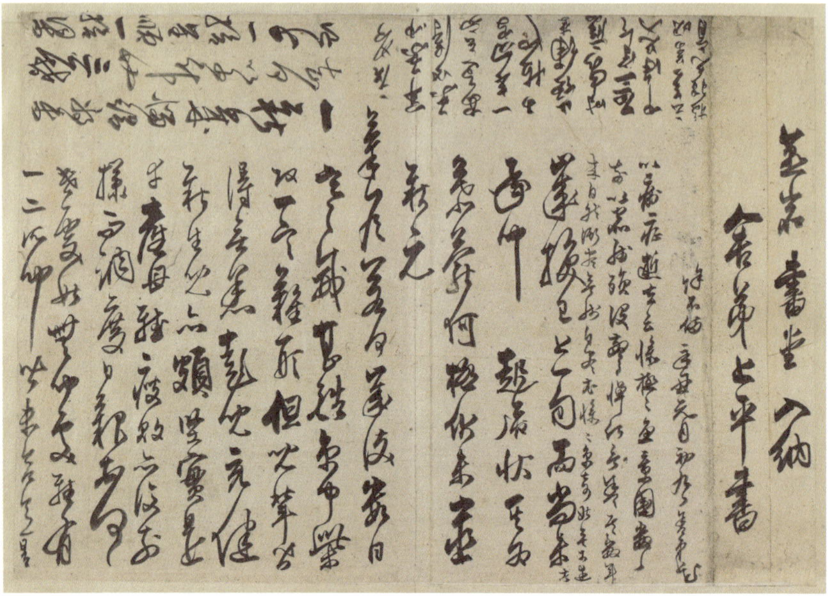

박지원(朴趾源, 1737~1805)이 형 박희원(朴喜源, 1730~1787)에게 보낸 편지. 새로 태어난 아이와 산모의 건강, 곤궁한 살림, 세상을 떠난 지인들에 대한 슬프고 참담한 마음 등을 적었다. _성균관대학교 박물관 소장

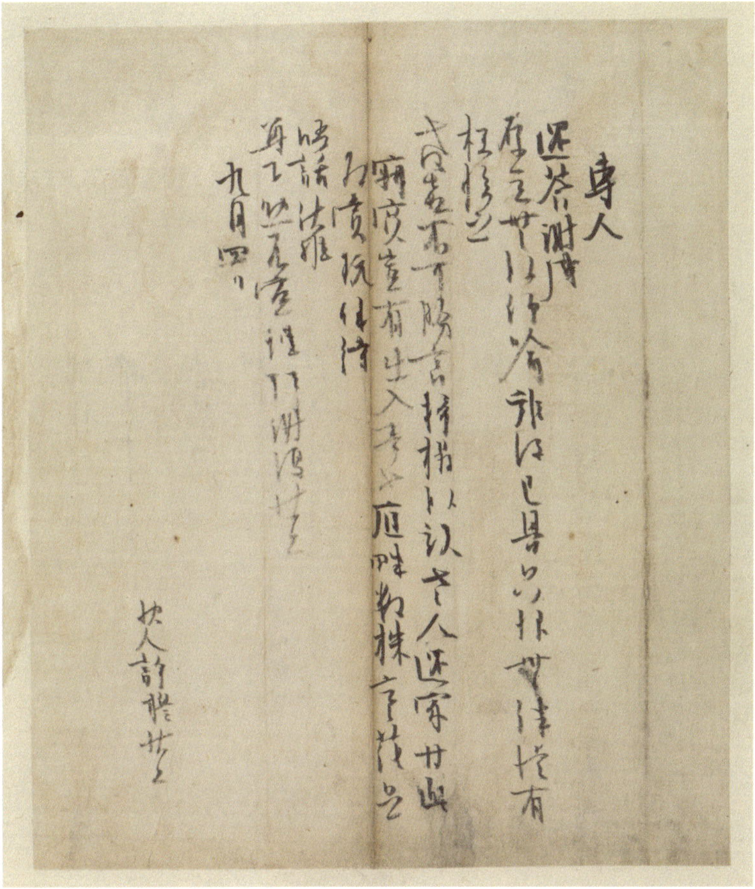

허목(許穆, 1595~1682)이 지인에게 보낸 편지. 상중(喪中)에 왕림해 주겠다는 위로 편지를 받고, 감사하는 마음을 적었다. _성균관대학교 박물관 소장

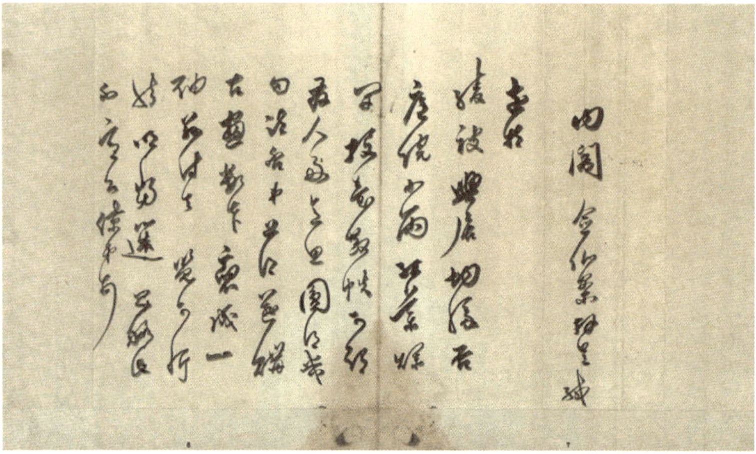

윤행임(尹行恁, 1762~1801)이 규장각의 동료들에게 보낸 편지. 구입한 그림 몇 점을 가지고 화축(畵軸)을 만들어 보내니 감상해 보라는 내용이다. _국립중앙도서관 소장

참고 자료

『간찰 : 선비의 마음을 읽다』, 심경호 지음, 한얼미디어, 2006.

『고전산문산책』, 안대회 지음, 휴머니스트, 2008.

『국역 기언』, 허목 지음, 하현주 외 옮김, 한국고전번역원, 2008 완간.

『국역 농암집』, 김창협 지음, 송기채 외 옮김, 한국고전번역원, 2008 완간.

『국역 담헌서』, 홍대용 지음, 김동기 외 옮김, 한국고전번역원, 1975 완간.

『국역 다산시문집』, 정약용 지음, 송기채 외 옮김, 한국고전번역원, 1997 완간.

『국역 백호전서』, 윤휴 지음, 양홍렬 외 옮김, 한국고전번역원, 2004 완간.

『국역 성소부부고』, 허균 지음, 김명호 외 옮김, 한국고전번역원, 1985 완간.

『국역 연암집』, 박지원 지음, 신호열 외 옮김, 한국고전번역원, 2005 완간.

『국역 완당전집』, 김정희 지음, 신호열 외 옮김, 한국고전번역원, 1997 완간.

『국역 정일당유고』, 강지덕 지음, 한춘섭 외 옮김, 성남문화원, 2002.

『국역 청장관전서』, 이덕무 지음, 김동주 외 옮김, 한국고전번역원, 1982 완간.

『나 홀로 즐기는 삶』, 강혜선 지음, 태학사, 2010.

『미쳐야 미친다』, 정민 지음, 푸른역사, 2004.

『미호집』, 김원행 지음, 강여진 외 옮김, 고려대학교 한자한문연구소, 2013.

『선비답게 산다는 것』, 안대회 지음, 푸른역사, 2007.

『연암집』, 박지원 지음, 신호열 외 옮김, 돌베개, 2007.

『옛글에서 다시 찾은 사람의 향기』, 김승룡 지음, 나무생각, 2012.
『유배지에서 보낸 편지』, 정약용 지음, 박석무 옮김, 창비, 2009.
『조희룡 전집』, 조희룡 지음, 실시학사 고전문학연구회 옮김, 한길아트, 1999.
『책에 미친 바보』, 이덕무 지음, 권정원 옮김, 미다스북스, 2004.
『한국문집총간 36, 토정유고』, 이지함 지음, 한국고전번역원, 1989.
『한국문집총간 38, 고청유고』, 서기 지음, 한국고전번역원, 1989.
『한국문집총간 197, 서암집』, 신정하 지음, 한국고전번역원, 1997.
『한국문집총간 261, 정유각집』, 박제가 지음, 한국고전번역원, 2001.

척독尺牘, 마음을 담은 종이 한 장

박경남 지음
전지은 그림
하현주 감수

2015년 8월 7일 초판 1쇄 발행
2015년 12월 23일 초판 2쇄 발행

발행 한국고전번역원 | **등록** 2008. 3. 12. 제300-2008-22호
주소 03000 서울시 종로구 비봉길 1
전화 02-6263-0161 | **팩스** 02-394-8803 | **홈페이지** www.itkc.or.kr

발행인 이명학
기획·편집 한국고전번역원 콘텐츠기획실
책임편집 하승현 | **편집** 양유미 이원숙 채미애
디자인 f205 | **인쇄** 형제아트인쇄(주)

값 9,000원
ISBN 978-89-284-0319-6 43810

* 이 책은 2014년도 한국고전번역원의 우리고전 원고공모 당선작품입니다.
교육부로부터 인문학 진흥을 위한 저서출판지원을 받아 출간하였습니다.